Aurélien, c'est papa, je t'aime !

Et si la bienveillance sauvait des vies

Groupe Eyrolles
61, bd Saint-Germain
75240 Paris Cedex 05
www.editions-eyrolles.com

Mes remerciements vont à Corinne et à Muriel
pour leur aide.

ISBN : 978-2-212-56983-4

Docteur Philippe Rodet

Aurélien, c'est papa, je t'aime !

Et si la bienveillance sauvait des vies

EYROLLES

À Marielle, ma fille, qui m'aide à comprendre le présent
et à oser penser l'avenir, un avenir que chacun de nous
peut rendre meilleur en osant relever les « défis possibles ».

Sommaire

II
Hervé Treil
Neuf ans plus tôt

III
Aurélien

IV
Quand le vent tourne

1

2 juillet 2007, 12 heures

« Quelle chaleur ! », enragea Hervé Treil, en sueur, tout en desserrant le nœud de sa cravate. En enfilant ce matin-là son costume trois pièces en tweed gris, le quadragénaire ne s'était pas méfié. Il pensait que cette journée ressemblerait en tout point aux précédentes, qu'elle serait grise et pluvieuse. À moins de garder un œil vigilant sur la météo, il était devenu de plus en plus difficile de se repérer ! « Foutu changement climatique ! », grogna-t-il !

Ce midi de juillet 2007, le mercure était subitement monté à 40 degrés. Du jamais vu à Oyonnax !

« Comment font ces Africains tout au long de l'année ? », réalisa-t-il soudain.

Mais cette soudaine compassion pour les peuples du Sud s'arrêta dans la seconde qui suivit. Hervé n'était pas du genre à s'attendrir, et s'il l'avait été un jour, ce n'était plus le cas. Son cœur s'était vidé de toute trace d'empathie. Il n'y avait que lui qui comptait. Ou pour être plus exact : son travail. Du matin au soir, il n'avait qu'un mot à la bouche : boulot, boulot, boulot !

Dossiers, chiffre d'affaires, rentabilité de l'usine… qu'il dirigeait à présent depuis deux ans ! Le reste passait au second plan.

Néanmoins, en cette matinée accablante, un détail l'intriguait. Pour la dixième fois consécutive, il regarda dubitatif le portrait de son fils posé sur son bureau. En temps normal, il n'y prêtait jamais attention. Était-ce la fatigue qui le minait ou bien un début d'Alzheimer qui le menaçait, il n'arrivait pas à se souvenir de l'âge d'Aurélien sur le cliché. Avait-il 10 ou 11 ans dessus ? Hervé n'avait qu'une certitude : l'image datait d'environ dix ans en arrière. 1997-1998 ! Une époque pleine de promesses, mais hélas révolue ! Était-il d'ailleurs présent le jour où cette photo avait été prise ? Impossible de se souvenir ni de son auteur, ni du lieu. « Il faudra sans doute quand même aller consulter », s'inquiéta-t-il. Dessus, Aurélien fixait l'objectif. Il avait ce regard interrogateur et un brin moqueur qu'Hervé avait tant de mal à supporter chez son fils.

« Petit vaurien ! Quand vas-tu enfin comprendre ? La vie n'est pas faite pour se tourner les pouces ! »

En reposant le cadre, Hervé le renversa.

« Ce machin ne tient plus ! », marmonna-t-il et agacé, il le rangea dans un tiroir. Pour la énième fois, il s'essuya le front avec son mouchoir défraîchi tout en continuant à maugréer des mots que lui seul entendait.

« Mais regardez-moi ça ! Quelle bande de nases ! Comment ont-ils pu arriver à ce résultat ? » En buvant d'une traite son verre d'eau, il attrapa fébrilement la télécommande du ventilateur pour le mettre en marche. Soudain, la machine expulsa du moteur une grosse mouche. Le diptère s'écrasa brutalement sur un dossier. À bout de nerfs, Hervé le pulvérisa d'un coup-de-poing. Réduit en bouillie, l'insecte (ou plutôt ses restes) ornait à présent la pochette plastique du document. Hervé l'essuya d'un revers de Kleenex. À la guerre comme à la guerre !

« De toute façon, ce torchon ne tient pas la route, se rassura-t-il tout seul. Stéphane devra le refaire. Ah Bernard, si au moins, tu étais là ! », se plaignit-il en fixant un portrait accroché sur le mur au fond de la pièce.

L'image de Bernard Entier, son ancien patron, s'avérait tout aussi défraîchie par le temps que celle d'Aurélien. Mais elle était plus grande. À la mort de Bernard, Hervé s'était juré d'honorer dignement sa mémoire. Il avait insisté pour placarder ce gigantesque tableau face à son bureau. Pour ne pas l'oublier. Bernard représentait son mentor. Bien plus encore : un vrai père ! On n'effaçait pas ainsi les traces de ceux qui vous avaient tout donné ! « Hors de question de le décevoir » représentait la devise que cet homme de 43 ans se répétait mentalement comme un mantra, du matin au soir.

« Gisèle ! », cria-t-il à travers les parois de la cloison. À 60 ans, sa secrétaire comptait à présent sur les doigts de la main les mois qui la séparaient de la retraite. Depuis qu'Hervé avait pris la succession de Bernard, elle ne supportait plus l'ambiance au travail ! « Et dire que Bernard avait une si grande confiance en son poulain ! En le voyant, il doit se retourner dans sa tombe. » Cette réflexion, elle la gardait sous silence, mais elle n'en pensait pas moins.

Sous prétexte de modernité, Hervé avait instauré des méthodes de travail complètement absurdes. Et depuis qu'il avait signé ce gros contrat avec UberwallPlastik en Allemagne, la situation s'était dégradée encore davantage. Avec l'introduction de la technologie 2.0 sur les presses, les deux cent cinquante ouvriers de l'entreprise devaient désormais chacun consigner par e-mail leurs objectifs atteints dans la journée. Et devinez qui devait contrôler toute cette littérature ? Gisèle, qui venait tout juste de se former au Web 2.0 ! Les petits gars avaient déjà du mal à se servir d'un ordinateur et n'avaient certainement pas les moyens de s'offrir un smartphone. L'usine ne comptait que dix ordinateurs, occupés par l'équipe administrative. « Ajoutez à ce tableau ou plutôt enlevez-lui les dix salariés récemment licenciés ! Une pure folie, rumina Gisèle. Qu'il ne compte pas sur moi pour former les gars en informatique, ni pour leur prêter mon ordinateur sur mon temps de travail ! »

Plasticar et Bernaval n'avaient décidément plus rien à voir avec l'esprit des deux entreprises que Bernard Entier avait bâties à la sueur de son front, il y avait près de quarante-cinq ans. Gisèle et Bernard s'étaient connus enfant. À l'époque, le papa de Bernard, Gabriel, avait embauché le père de Gisèle, Jean, à la ferme. Elle les revoyait encore tous les deux sur le tracteur au milieu des champs. Au décès de Gabriel, Bernard, qui avait alors 24 ans, avait décidé de vendre l'exploitation agricole pour racheter une usine de plasturgie. Il avait promis au père de Gisèle de le réembaucher. Ce n'était plus qu'une question de temps. Malheureusement, un cancer foudroyant avait emporté Jean en l'espace de dix mois. Atteinte de polyarthrite rhumatoïde, sa femme se sentait incapable de reprendre un travail. Un double choc pour Gisèle ! En plus de la perte subite de son papa, elle avait dû également abandonner ses études et son projet de devenir secrétaire, qui lui tenait tant à cœur pour subvenir aux besoins de sa mère et de ses deux frères cadets alors âgés de 8 et 12 ans. De sept ans son aîné, Bernard lui avait alors offert un poste à Bernaval. Il était comme cela Bernard : généreux et solidaire !

« Travaille bien et tu iras loin », lui avait-il promis au moment de son embauche à 18 ans comme ouvrière sur cette rutilante ligne de presse. Il lui avait même promis, qu'ils prendraient ensemble leur retraite ! L'industrie de la plasturgie était à cette époque en plein boom. Et Bernard n'avait pas menti, sauf sur un détail, mais ce n'était pas de sa faute : il était parti avant elle ! Pour le reste, il avait dit vrai. Les quatre premières années, elle avait réussi à devenir responsable d'une équipe. Voyant qu'elle était intelligente, il lui avait offert une formation de dactylo en cours du soir. Elle se revoyait encore ce jour-là en larmes, quand il l'avait promue secrétaire de direction ! La vie lui avait fait prendre un chemin de traverse pour la mener exactement à son aspiration première ! Un miracle en soi ! À 24 ans, elle avait finalement réalisé son rêve. C'est ainsi qu'elle et son mari avaient pu s'acheter par la suite leur pavillon à Vaux-Saint-Sulpice dans le Haut-Bugey et payer les études supérieures de leurs deux enfants. Si seulement son père pouvait la voir, il serait tellement fier !

« Gisèle, vous m'entendez ? », hurla de nouveau Hervé.

Au même moment, le téléphone de la secrétaire de direction sonna. À l'autre bout du fil, Alain, un proche collaborateur, insista pour parler urgemment à Hervé. Gisèle hésita cinq secondes. Finalement, elle lui transmit l'appel. Sans savoir de quoi il retournait, elle entendit son patron vociférer comme un fou dans l'appareil.

« Ne le retenez pas ! Voilà une bonne leçon pour ce vaurien ! Qu'il se sorte les doigts du cul ! Une bonne fois pour toutes ! Et cela vaut pour tous les salariés de cette entreprise ! Je vous repasse Gisèle ! Rapportez-lui les faits ! »

En raccrochant, Hervé sortit du tiroir la photo d'Aurélien. Furieux, il la jeta à la poubelle.

Quand Gisèle entendit les explications d'Alain, son visage se décomposa. Cette fois-ci, elle craignait le pire.

2

2 juillet 2007, 14 h 15

« Tu connais la dernière ? », questionna Jean-Pierre, le regard malicieux.

Au ton de sa voix, Pascal Leblanc, médecin urgentiste, saisit immédiatement que derrière l'empressement de son collègue à lui raconter les derniers ragots se cachait une irrésistible envie de rire. Oui, cela sentait la blague. Pascal en aurait donné sa main à couper ! Depuis deux ans qu'il travaillait aux urgences, plus rien ne l'étonnait. Ce service qui accueillait un concentré des aléas les plus durs de la vie, nécessitait bien quelques blagues pour surmonter l'inacceptable : notamment cette mort injuste et scandaleuse qui fauchait régulièrement les jeunes âmes sans crier gare. Pour surmonter ce stress inhumain, les équipes se blindaient derrière un rire acerbe et parfois très cru. Au fil du temps, Pascal avait adopté l'humour de cette profession, qu'elle possédait en secret, bien à l'abri des patients et ceci dans un souci de crédibilité absolu !

« Non, écoute-moi, Pascal, je suis sérieux, insista Jean-Pierre. Une visiteuse médicale avait rendez-vous ce matin avec le chef de service. Imagine, imagine. En entrant dans le bureau, la dame balaie du regard la pièce, surprise et surtout gênée. “Vos collègues sont des petits drôles !”, lui a-t-elle fait remarquer. Sur le bureau, trônait un dossier, et entre les feuilles, pendaient des préservatifs.

— Ah les cons, se bidonna Pascal. Vous avez vraiment osé ! »

Pascal avait eu vent de la plaisanterie, mais, sur le moment, il n'y avait pas cru. Au regard de Jean-Pierre, nul doute que la farce avait bien eu lieu. Sans doute, le collègue avait-il minimisé les détails. Après tout, seul comptait le résultat : tout le monde avait ri et Pascal avait ainsi pu décompresser un peu d'une garde interminable commencée trois jours plus tôt.

Ce matin encore, il était 5 heures, lorsque son bip avait sonné la première fois. Heureusement, Pascal n'était pas un gros dormeur : cinq ou six heures de sommeil lui suffisaient en général pour se sentir en forme et surtout opérationnel. À peine le temps de se rafraîchir le visage sous un filet d'eau fraîche qu'il avait déjà enfilé sa tenue blanche pour dévaler aussitôt les escaliers de l'hôpital, en direction du SAMU. Trois minutes plus tard, il était assis à l'intérieur du véhicule aux côtés de Marie, l'infirmière-anesthésiste, et de Gaspard, l'ambulancier, un vieux de la vieille dans le métier.

Cela faisait deux ans que cette équipe avait l'habitude de travailler ensemble, soudée comme les cinq doigts d'une main autour d'une même cause : sauver des vies, coûte que coûte ! Juste après avoir démarré, Gaspard mit en marche les gyrophares. Jamais, il ne les aurait oubliés. Et il les gardait toujours allumés jusqu'à la fin de la mission.

Gaspard avait une qualité, et non des moindres : il souriait et gardait son calme dans n'importe quelle situation, même les plus dramatiques. Face aux cas les plus durs, imperturbable, il continuait à afficher de la bonne humeur. Que se cachait-il derrière ce masque d'une rare stabilité ? Ce mystère lui appartenait !

Marie, célibataire endurcie, possédait, elle, un caractère un brin revêche. Pour lui arracher une émotion, il fallait s'y prendre de bonne heure. D'un genre légèrement différent de celui de Gaspard, mais de la même étoffe, elle ne laissait rien paraître non plus. « Mademoiselle, je contrôle tout et en toutes circonstances » était aussi parfaite que Gaspard dans son rôle. À côté de ces deux personnages à l'allure insensible, Pascal avait bien des fois dû étouffer ses émotions. À force, il s'y était habitué, comme au reste.

Les yeux rivés sur la fenêtre, le médecin adorait ce moment de la journée. Pour lui, rien n'était plus beau que les reflets pastel et dorés de l'aurore sur l'asphalte. Par-dessus tout, il aimait entendre le silence planer sur la ville et le balbutiement de l'activité naissante. Gaspard connaissait les moindres recoins d'Oyonnax. Il pouvait prévoir à l'avance et avec une précision incroyable le tout petit défaut que présentait le bitume dans chaque rue. Quinze ans au même poste, cela ne pouvait s'inventer.

Arrivé place du 11 novembre 1943, Gaspard gara le véhicule face au numéro 6. Et aussitôt, Pascal et Marie s'élancèrent pour franchir les escaliers de l'immeuble. Au troisième étage, ils trouvèrent la voisine de la victime qui leur indiqua la bonne porte. En entrant dans l'appartement, ils sentirent une odeur de renfermé. Un chat se frotta aux jambes de Pascal et le suivit jusqu'à l'endroit où se trouvait sa maîtresse. La victime, une vieille femme de 90 ans, gisait au sol sans bouger. Cela faisait plus d'une heure qu'elle se trouvait coincée entre son canapé et la table du salon, dans l'incapacité de se relever. En voulant changer une ampoule électrique, elle était tombée sur la table basse en verre, qui s'était cassée sous son poids. La vieille dame présentait une plaie béante au niveau du tibia. Sans sa montre alarme, qui sait combien de temps elle aurait dû rester encore toute seule, au milieu de son sang ? Heureusement que sa fille avait tant insisté pour lui installer ce dispositif… Elle avait oublié de la mettre bien des fois, mais, ce matin, en se réveillant, comme elle n'y voyait rien, elle n'avait pas voulu s'aventurer trop loin sans elle. Grand bien lui en avait pris !

En un temps record, Pascal avait repéré cette fracture au tibia. Le temps de conditionner la patiente pour lui éviter une infection, il lui avait dans la foulée administré un traitement pour diminuer la douleur. Pour finir, il avait immobilisé sa jambe grâce à un système spécifique. Et l'équipe l'avait conduite sur-le-champ au CHU de Bourg-en-Bresse.

Pascal avait ensuite enchaîné avec une deuxième intervention, bien plus complexe : un arrêt cardiaque. Un homme avait perdu connaissance dans les escaliers de son immeuble. Un voisin l'avait retrouvé inanimé. Les pompiers avaient déjà effectué un premier massage cardiaque. Il fallait agir vite. À leur arrivée, Gaspard, Marie et Pascal avaient échangé un bref regard. Avec le temps, ils n'avaient plus besoin de se parler. Chacun savait en de telles circonstances ce qu'il devait faire. Gaspard avait posé les électrodes sur le patient. Pascal l'avait intubé. Et Marie lui avait injecté de l'adrénaline. Assez rapidement, le cœur était reparti… mais sur un rythme anormal. Heureusement, après un choc électrique externe, ce dernier était redevenu normal, malgré une tension basse, mais stabilisée. Le temps de le transporter dans l'ambulance, comble de l'horreur, le patient avait fait un autre arrêt cardiaque. Gaspard avait effectué un nouveau massage et à la demande de Pascal, Marie lui avait injecté une seconde dose d'adrénaline.

« Son état se stabilise, allons-y !, avait lancé Pascal à Gaspard.

— D'accord Pascal, c'est parti ! »

Marie, elle, n'avait pas décroché un mot. Sans doute pour conjurer le sort !

Finalement, tout s'était bien terminé. Le patient avait pu être transféré en réanimation. Mais la journée pour Pascal, Marie et

Gaspard, était loin d'être achevée. Ils avaient à peine fini cette mission que déjà, ils étaient appelés auprès d'un adolescent, retrouvé inconscient sur la voie publique. Le coma était superficiel et, après stimulation, l'enfant arrivait à prononcer son prénom et à donner son âge. Impossible de savoir ce qu'il avait avalé, mais une chose était certaine, il y avait de l'alcool ! Marie avait prélevé un bilan et perfusé le jeune. Finalement, ils l'avaient transporté à l'hôpital pour qu'il soit placé sous surveillance afin d'éviter notamment qu'il vomisse dans ses bronches. La journée de garde allait durer encore des heures. Pascal ne se faisait aucune illusion, elle risquait encore d'être très agitée. Mais après tout, n'était-ce pas cela qu'il aimait particulièrement dans son travail ?

Depuis qu'il avait goûté à l'imprévu, il ne pouvait plus s'en passer. Lorsque les vacances approchaient, hors de question de décrocher, il s'inventait de nouvelles missions à l'étranger. Secourir, se sentir utile pour les victimes, c'était tout pour lui : une vocation avant tout qui le replongeait l'année de ses 11 ans. Un dimanche soir, sur le bord de l'autoroute, Pascal s'était bien juré de ne plus jamais se sentir impuissant face à la mort ! Et il avait tenu sa promesse.

3

2 juillet 2007

14h20. Le mercure affichait 41 degrés : un record dans la région du Haut-Bugey ! Depuis midi, la température avait encore grimpé. Émilien s'essuya le front. En l'espace de cinq minutes, c'était la dixième fois. Assis sur son engin, l'agriculteur longeait la D33.

Un plaisir pour lui ! Enfant, il jouait avec un petit tracteur vert, et il s'était juré d'acheter le même grandeur nature, une fois adulte. Tenir entre ses mains ce gros volant… quelle liberté absolue ! Et quoi de plus grisant que de sentir les vibrations des roues sur la terre et d'entendre le bruit du moteur vrombir. Cela lui rappelait le bourdonnement de ses abeilles.

Émilien détenait trois ruches, une véritable passion. Au fil des ans, il avait tissé des liens si étroits avec ses insectes qu'il réussissait à ouvrir ses ruches sans combinaison, ni enfumoir. Son secret : il avait compris que ses peurs attisaient l'agressivité des ouvrières. Alors, il prenait soin en leur présence d'adopter une pleine présence au monde, une concentration absolue et d'ouvrir au maximum son grand cœur.

Émilien jouissait d'un don légué de sa grand-mère. Il vivait parfois les événements avant qu'ils ne se produisent et souvent durant ses rêves. La veille, il avait reçu encore un très mauvais présage d'accident de voiture. En voyant le véhicule s'encastrer dans un arbre sur son champ, Émilien avait cherché à appeler les secours, mais sa batterie de téléphone était à plat. Et aucune voiture n'était passée pour l'aider. Le conducteur – encore tout adolescent – était mort sous ses yeux, sans qu'il ne puisse rien faire pour lui. Le visage de la victime lui était complètement inconnu. En se réveillant, Émilien transpirait à grosses gouttes. Et comme pour conjurer le sort, il avait immédiatement branché son téléphone portable pour le recharger. Pour Émilien, il ne faisait pas l'ombre d'un doute que ce cauchemar ne tarderait pas à se matérialiser. Il s'était fait un devoir d'en atténuer à tout prix le caractère dramatique.

14h22. Pour la énième fois, Émilien vérifia le taux de charge de sa batterie. Pleine. Il avait sans aucune difficulté reconnu dans sa prémonition, le gros chêne centenaire que la voiture avait percuté. Pour cause, son arrière-grand-père l'avait planté à la naissance de son premier fils et il se situait à environ 500 mètres de ses ruches. Cette fois-ci, Émilien était prêt. Avant de sortir, il s'était renseigné. D'un mobile, il fallait bien composer le 112 pour appeler les pompiers. Bien sûr, il n'avait avoué à personne la vraie raison qui le poussait à sortir par 41 degrés sous le cagnard. Une pure folie ! On l'aurait pris pour un illuminé et dans le meilleur des cas, un idiot. À 45 ans, il n'avait aucune envie de terminer ses jours à l'hôpital psychiatrique.

14h25. Toujours rien ! Et si Émilien s'était trompé ? Et si finalement, il commençait à perdre la raison ? Après tout, il ne serait pas le premier. Avec toutes ces histoires de voyance, sa grand-mère avait fini par perdre la tête à la fin de sa vie. Émilien ne désirait pas connaître le même sort. Alors, il se fixa également des limites. « À 14h30, je retourne à mes occupations », se promit-il. Ses poules et ses vaches l'attendaient, sans compter le foin qu'il devait terminer de ramasser. Et en fin de journée, il devait filer à Oyonnax chez le dentiste. Des douleurs dans une molaire inférieure l'empêchaient de mâcher les larges tranches de pain maison qu'il faisait lui-même, et qu'il tartinait avec une grande portion de fromage de chèvre. Le tout arrosé d'un bon verre de rouge. Un vrai orgasme des papilles !

14 h 29. Une Peugeot 207 grise roulait à vive allure sur la D33, en ligne droite à ce niveau-là. Émilien releva les yeux. Son cœur s'accéléra. Il reconnut le véhicule ! Le même que dans son cauchemar. Sans aucune raison technique, le bolide quitta la chaussée. Avant même que la voiture ne percutât l'arbre, à 500 mètres de ses ruches, Émilien dégaina son portable et composa aussi vite qu'il le put le 112. Il entendit, impuissant, le choc. Un bruit effroyable. Aussitôt, une fumée noire s'échappa de l'amas de tôle. La gorge et le ventre noués, Émilien s'approcha. Au volant, c'était effectivement un jeune, couvert de sang. Sa tête semblait vraiment dans un triste état. Était-il inconscient ou mort ? Émilien n'aurait su le dire.

En entendant une voix à l'autre bout de la ligne, Émilien reprit son souffle. « Où vous situez-vous ? Que se passe-t-il ? Que voyez-vous ? » Les larmes aux yeux, Émilien essaya de répondre aussi précisément que possible. Non, il n'était pas fou, ni idiot. Mais qui pouvait croire cela ? « Ne bougez pas, les pompiers seront là dans dix minutes et nous contactons le SAMU immédiatement ! »

14 h 31. Dans la salle de garde du CHU d'Oyonnax, Pascal Leblanc avala une dernière gorgée de café. Dans sa poche, il sentit les vibrations de son bip. En deux secondes, il décrocha : « Patient inconscient suite à AVP* » lança la voix dans ce jargon des urgences propre à économiser le temps. Et déjà, il s'élança en courant pour rejoindre son équipe. À son arrivée, Gaspard et Marie étaient déjà prêts. Le SAMU démarra à toute vitesse. Gaspard se faufila avec dextérité dans le trafic. Au son de la sirène, les voitures s'écartaient toutes les unes à la suite des

* Accident de la voie publique.

autres sur son passage. Et heureusement, ce n'était pas l'heure de pointe. Sur la route, l'équipe passa en revue les différentes éventualités que pouvait revêtir cette nouvelle mission.

« S'il s'agit d'un traumatisme crânien grave, on l'évacue le plus vite possible en hélicoptère, exposa Pascal.

— Et s'il s'agit d'un traumatisme rachidien ?, surenchérit Marie.

— Pareil, on le transfère le plus vite possible également », répliqua Pascal.

L'espace de quelques secondes, le médecin plongea son regard dans le paysage. Un peu de vert dans les yeux lui donna l'impression de se ressourcer un peu. Enfin ce qu'il en restait, car le soleil avait brûlé une bonne partie de la végétation. Soudain, une voix nasillarde résonna dans la radio. « VSAB* à SAMU, vous nous recevez ? » Aussitôt, Gaspard répondit.

« Affirmatif !

— À quelle latitude, vous situez-vous à présent ? »

Incapable de répondre avec la précision exigée dans un tel contexte, Gaspard, stressé, dit à voix basse « Entre mon volant et mon siège ! », puis dans la foulée à haute voix : « Nous sommes sur place d'ici trois minutes. »

Une fois que Gaspard eut raccroché la radio, Pascal éclata de rire. Toujours aussi sérieuse, Marie observait la scène en silence. Avec Pascal, elle savait à quoi s'en tenir. Sous ses airs les plus décontractés, il cachait un grand professionnalisme. À la longue, elle avait appris à savourer son côté bon vivant. Elle avait même fini par prendre goût à ses blagues grivoises et souvent salaces. Sans elles, l'équipe aurait eu bien du mal à tenir le coup face au stress.

« Tu connais la dernière de Jean-Pierre, Marie ?

* Véhicule de secours aux asphyxiés et blessés.

— La visiteuse médicale et les préservatifs, oui, je sais ! », lui répondit-elle, un rien blasée.

Déçu, Pascal se cala dans son siège.

« Hors de question de renoncer ! Je vais trouver quelque chose d'autre. » Très concentré, le médecin fouilla dans sa mémoire, à la recherche d'une nouvelle anecdote. L'infirmière jeta un regard discret sur Pascal. « Son âme semble si ancienne ! », songea-t-elle l'espace d'un instant. À chaque fois qu'elle avait essayé de le questionner sur sa vie, Pascal était resté très évasif. Elle ne lui connaissait ni compagne, ni amis. À plusieurs reprises, elle avait tenté de l'embarquer prendre un verre après le travail. Mais Pascal possédait un agenda de ministre, qui ne lui laissait guère le temps pour ces occupations oisives. Une fois qu'il avait laissé sa tenue blanche au vestiaire, il enchaînait avec des activités aussi diverses que variées. L'an passé encore, il s'était rendu au Burkina Faso en mission humanitaire. À son retour, Marie avait eu beau le bombarder de questions, Pascal y avait répondu à doses homéopathiques et encore, avec beaucoup de pudeur et une bonne dose d'humilité. Ce charmant mystère aiguisait sa curiosité insatiable. Qui était vraiment Pascal Leblanc, qui semblait vraiment trop parfait pour être vrai ? Évidemment qu'il n'était pas un saint ! Elle en voulait pour preuve le jour où elle l'avait surpris en train de hurler au téléphone. Et en plus contre une femme ! Il avait été vraiment odieux ! À la teneur de la discussion, Marie avait compris qu'il s'agissait avant tout d'un échange autour d'un travail. Pascal avait défendu bec et ongles sa position. Et il semblait avoir eu raison de son opposante. Quand il avait raccroché, Marie s'était éloignée pour éviter de se faire remarquer. Et bien sûr, elle avait fait comme si elle n'avait rien entendu. Cette affaire ne la regardait pas.

I

Pascal Leblanc

Dix ans plus tôt

4

9 septembre 1997, 8h30

« Qu'avez-vous à signaler ? », questionna le professeur Legrand.

Le teint blême, l'interne de garde, tenta de dissimuler tant bien que mal son inquiétude et le stress ressentis tout au long de la nuit.

« Quelques incidents, comme d'habitude, Monsieur. Dans le boxe 4, la patiente a arraché sa sonde et toutes ses perfusions à 3 heures du matin. Boxe 2, le patient réveillé la veille a eu un épisode confusionnel important ! Par contre…, hésita-t-il.

— Par contre quoi ?, coupa le professeur Legrand.

— Boxe 3.

— Oui, eh bien boxe 3, quoi mon garçon ?

— L'état du jeune homme, admis il y a une semaine pour tentative de suicide, a empiré. Sa fièvre est montée à 40 degrés, malgré le traitement. Il a fait un choc septique sévère et un arrêt cardiaque. Nous avons dû le masser cette nuit, on a récupéré un rythme, mais il est très instable. Sa température n'a toujours pas baissé. »

À 15 ans, Théo avait ingéré trois différentes molécules de médicaments, un week-end alors que ses parents étaient chez des amis. Dans la foulée, il avait vomi dans ses bronches, ce qui avait dégénéré en infection pulmonaire grave. Les parents avaient retrouvé leur fils inconscient en rentrant le dimanche soir. Son cerveau, resté trop longtemps en hypoxie*, avait été abîmé. Il respirait à présent grâce à un respirateur et était plongé dans un coma artificiel. La situation s'était encore compliquée, car une bactérie, non encore identifiée, avait proliféré dans son organisme et les drogues classiques ne suffisaient plus à stabiliser l'état du patient.

« Tu as refait des prélèvements ?

— Oui, tout est parti au labo. »

Signe que l'état de santé du jeune homme inquiétait énormément Legrand, le professeur s'était massé le menton une bonne minute, le regard songeur. Depuis quatre mois qu'il travaillait à ses côtés, Pascal avait remarqué cette manie de son chef de service quand il se frottait aux cas les plus compliqués. Comme à son habitude, Legrand avait par la suite demandé à voir le dossier du jeune homme.

« Bon mon petit, je vois que la nuit a été rude avec vous ! Allez vite vous prendre un café. Et n'oubliez pas : à ma santé ! »

À ses débuts en réanimation, ce comportement avait bien des fois désarçonné Pascal. Mais très vite, il avait compris son caractère impérieux. Travailler au quotidien entre la vie et la mort requérait de se protéger derrière un peu d'humour. Cette leçon, Pascal l'avait très vite assimilée. Voilà pourquoi il ne ratait depuis jamais une occasion de se rendre en salle de garde pour entendre et apprendre les blagues de ses collègues, vitales pour survivre au stress inhérent à sa profession. Néanmoins, perdre la vie à 15 ans ne représentait en rien une éventualité

* Diminution de la quantité d'oxygène apportée aux organes par le sang.

acceptable à ses yeux. Car même s'il avait appris comme tout médecin qui se respecte à se blinder face à l'inacceptable, Pascal ne concevait pas que la mort s'empare d'un être aussi jeune, alors qu'elle épargnait des centenaires. Cette injustice contre nature l'indignait autant qu'elle l'affectait au plus profond de son être.

Quelles pouvaient être les racines de la souffrance de cet adolescent, tout juste sorti de l'enfance ? Un échec scolaire ? Des parents maltraitants ? Pascal avait pourtant entraperçu sa mère dans le couloir la veille. Quand il lui avait donné des nouvelles de son fils, elle avait eu l'air si charmante qu'il avait vite écarté cette possibilité. Une déception amoureuse, alors ? Toujours probable à cet âge-là. Pascal osait à peine imaginer la souffrance des parents dans cette situation. Trop absorbé dans ses pensées, Pascal n'avait pas entendu son chef de service lui parler.

« Allô ! Leblanc, vous êtes là ? Je vous propose de me suivre. » Pascal lui avait aussitôt emboîté le pas, presque à petite foulée, tant le professeur avançait rapidement. Arrivé à hauteur de la chambre 3, Legrand avait retenu son souffle avant d'entrer dans la pièce. Et il ne l'avait repris que pour abaisser la poignée. La porte s'était ouverte sur un ensemble de machines toutes reliées à Théo. Dans la pièce régnait une atmosphère pesante. Un bip en chassait un autre, qui en appelait un autre. Tandis que Pascal se tenait à ses côtés, le professeur avait contrôlé méthodiquement toutes les constantes du patient, puis avait demandé à l'externe de l'attendre un moment auprès du garçon. À son départ, Pascal n'avait pas pu s'empêcher de prendre la main de l'adolescent au creux de la sienne : une habitude qu'il avait copiée de Legrand, qu'il admirait tant, et il lui avait parlé à cœur ouvert.

« Ta maman a l'air de tant t'aimer. Accroche-toi ! Tu sais la vie peut être très belle. »

Il avait prononcé cette phrase avec une intensité rarement ressentie. Du haut de ses 21 ans, Pascal avait déjà goûté au désespoir. Après cet accident de la route qui lui avait enlevé sa grand-tante, il s'était vu l'espace de quelques mois sombrer très bas… Après le décès de celle qui s'était pratiquement substituée à sa mère pour l'élever, il n'arrivait plus à monter dans un véhicule. Il lui avait fallu un courage et un optimisme hors normes pour surmonter cet événement et retrouver confiance en la vie.

« Je t'en supplie, Théo, accroche-toi ! »

Le soir, Pascal avait quitté le service l'âme en peine. En rentrant chez lui, l'inquiétude ne l'avait pas quitté. D'habitude, il réussissait à laisser ses soucis professionnels accrochés au portemanteau avec sa blouse blanche, mais, cette fois-ci, il n'y était pas parvenu. Et il avait eu du mal à les dissimuler le soir à sa colocataire. Élisa l'avait écouté patiemment jusque tard dans la nuit. Pour la première fois de sa vie, il confia à une personne étrangère à sa famille les détails du drame qui lui était arrivé à 11 ans et qui remontait à la surface avec Théo. Il s'était revu, seul et désemparé, sur le bord de l'autoroute, impuissant. Il avait ressenti à nouveau comme si c'était hier toute la détresse de cet enfant intérieur qui l'habitait toujours. Cela lui avait explosé au visage, comme une bombe à retardement. S'il s'était contenu devant sa colocataire, les larmes n'étaient pas bien loin.

Élisa avait eu alors cette idée qu'elle pensait sur le coup un peu saugrenue de lui tendre son livre fétiche, *Mémoires de guerre*, du général de Gaulle. Après tout, Pascal ne lui avait-il pas confié une fois ou deux ses aspirations à faire de la politique ? Aspirations qu'il avait mises entre parenthèses, plusieurs fois, en comprenant rapidement que la politique des politiques n'avait absolument rien à voir avec celle qu'il aurait voulu écrire avec un grand P et qui était faite au service de l'Homme avec un grand H.

« Tu verras, lui avait-elle glissé un peu mystérieusement, je suis sûre qu'en le lisant, des idées incroyables germeront en toi. Te connaissant, je suis certaine que tu vas y puiser une inspiration infinie, de quoi transcender tous ces drames. »

Jamais Pascal n'aurait pu soupçonner qu'Élisa lise ce genre de livres et encore moins qu'elle puisse posséder entre ses mains, une dédicace personnelle du général, mort vingt-sept ans plus tôt. Face à son étonnement, elle lui confia l'histoire de sa famille.

« Je le tiens de mon grand-père maternel, lui expliqua-t-elle. Il avait été proche du général. Un jour, mon grand-père m'avait tendu l'ouvrage en me disant : "Mon enfant, lis-le et souviens-t'en toute ta vie ! Sans des hommes comme le général, je serais mort depuis bien longtemps et nous ne serions pas là à parler ensemble aujourd'hui." Je n'ai compris cette phrase que plus tard, à son décès. C'est à ce moment-là que ma grand-mère m'a expliqué que pendant la Seconde Guerre mondiale, mon grand-père avait vécu durant quatre ans terré dans une cave secrète à l'abri des nazis. Contrairement à lui, ma grand-mère n'avait pas eu la chance d'éviter les camps de concentration. Elle s'était fait prendre bêtement à la fin de la guerre et avait passé ainsi la dernière année du conflit à Buchenwald. Soixante-dix-neuf... C'était le numéro de son convoi... le dernier de la série. Ma grand-mère fait partie des mille rescapés sur les quatre-vingt mille juifs déportés de France. »

En écoutant le récit d'Elisa, Pascal avait la chair de poule. Ce prêt lui allait naturellement droit au cœur. Mais que pouvait-il ajouter à ce récit glaçant ? Il avait posé sa main sur son épaule.

« Ton geste me touche énormément. Promis, je vais le lire avec toute mon attention. »

Épuisés tous les deux, ils rejoignirent leur lit respectif. À 3 heures du matin, il était vraiment temps de se reposer un peu. Quand son réveil sonna trois heures plus tard, et bien que sa garde ne commençât pas avant le soir, Pascal s'était levé comme une flèche pour se rendre à l'hôpital. En arrivant, il était tombé sur l'interne de garde qui lui avait conseillé de se rendre immédiatement dans la chambre 3. Toute l'équipe médicale avait besoin de renfort. Mais en entrant dans la pièce, il était trop tard. Le cœur du petit Théo avait lâché une nouvelle fois. Et pour de bon ! Pascal vit l'infirmière enlever tous les tuyaux reliés à l'enfant. Ce geste, il n'était pas près de l'oublier. Tout le monde était ressorti de la pièce en emportant chacun un morceau de détresse de cet adolescent qu'ils n'avaient pas pu sauver. Dans le couloir, les parents de Théo attendaient. Pascal vit les larmes couler sur les joues de la maman. Quand Legrand lui avait annoncé qu'il n'avait rien pu faire pour sauver son fils, elle s'était effondrée sur le sol.

Comme sa garde ne commençait qu'à 20 heures, Pascal resta un moment avec elle. Ils parlèrent longuement. C'est là qu'il apprit que depuis trop longtemps, Théo connaissait des difficultés scolaires et en avait beaucoup souffert. Était-ce donc ses mauvaises notes qui l'avaient entraîné vers la mort ? Tout semblait l'indiquer. Le jeune médecin se fit alors fait la promesse solennelle de combattre désormais la désespérance sous toutes ces formes.

*

Pascal avait ce don en lui qui lui donnait une force incroyable. Il connaissait le secret pour faire face au stress le plus important. Au lieu de ressasser les problèmes et les soucis, il préférait penser aux sources d'espoir et de bonheur. Aussi, en rentrant chez lui, le lendemain soir, il choisit, pour évacuer cette mort inacceptable, de lire les mémoires du général de Gaulle. Il avait dévoré l'œuvre d'une traite et s'était promis de la relire. Depuis lors, l'ouvrage ne le quittait plus.

5

15 septembre 1997 et les jours suivants

« Quand je devrai mourir, j'aimerais que ce soit
Sur un champ de bataille ; alors qu'on porte en soi
L'âme encor tout enveloppée
Du tumulte enivrant que souffle le combat,
Et du rude frisson que donne à qui se bat
Le choc mâle et clair de l'épée. »

Charles de Gaulle

Pascal connaissait la puissance des mots capables de résonner encore et encore dans les esprits des années, parfois des siècles après avoir été prononcés ou écrits. Certains ouvrages représentaient parfois des bombes à retardement des années après leur parution. C'était la dernière pensée qui l'habitait en reposant son nouveau livre fétiche sur la table de chevet. L'exemplaire qu'Élisa lui avait prêté était passé entre les mains du général de Gaulle… Rien que d'y penser, le jeune médecin, profondément ému, en avait le vertige.

Le général de Gaulle, tout de même ! Ce géant de l'histoire. Ce visionnaire incroyable avait posé ses mains sur le livre qu'il tenait dans les siennes. N'était-ce pas un signe fort ? Quelle force avait cet homme pour proposer encore des solutions au moment où le désespoir face à la barbarie et à la surprise générale avait sidéré les cerveaux les plus brillants ? Charles de Gaulle, lui, était resté droit dans ses bottes. Seul contre tous. Rebelle et courageux face au défaitisme ambiant. Fidèle à ses croyances et à ses valeurs.

Élisa avait eu décidément raison. De Gaulle inspirait Pascal. Le futur général avait tout juste 15 ans lorsque pour la première fois il avait écrit sa saynète comique, *Mauvaise rencontre*, une fiction dans laquelle il sauvait la France. Il avait écrit noir sur blanc sa destinée, trente-cinq ans avant de la vivre. L'écriture avait-elle le pouvoir de changer le monde, peut-être même d'influer sur le cours de l'histoire ? Pascal le croyait.

Comment se pouvait-il que cet homme fût si peu entendu en 1940 ? Considéré comme un traître et condamné à mort, il avait dû s'envoler le 16 juin 1940, seul vers Londres. Dans sa tête, il avait simplement perdu une bataille, mais certainement pas la guerre, sinon, il n'y aurait pas eu de 18 juin. Il voyait loin, beaucoup plus loin. Il savait qu'au final, les forces mécaniques des Alliés écraseraient les Nazis. C'était le sens de l'histoire et celle qu'il avait écrite dans les grandes lignes, alors qu'il n'était encore qu'un enfant. Comme lui, Pascal s'était senti inspiré d'une mission très tôt dans sa vie. Et si personne ne sentait aujourd'hui comme lui l'urgence d'agir contre le mal-être qui gangrenait en silence la paix sociale et celle du pays, les gens finiraient bien par reconnaître l'impérieuse nécessité de changer pour le bien de tous. Théo mort, ce n'était pas la fin de la bataille, mais bien au contraire, le tout début. Et Pascal, tant qu'il serait en vie, se battrait jusqu'au bout, comme de Gaulle. Il était pour le moment seul sur le chemin, mais tôt ou tard, d'autres le rejoindraient, c'était pour lui une certitude absolue.

La preuve ! À l'aube du 18 juin, de Gaulle n'avait été entendu que par une poignée d'hommes dans son pays. Mais il avait suffi d'un homme, UN SEUL, pour canaliser l'énergie et rassembler les forces pour libérer le pays d'un mal rarement égalé dans l'histoire de l'humanité. Quand le mal-être fauche les jeunes, que peut-on attendre du futur ? Quel espoir inspire la société ?

Pascal relut cette phrase du général : « *Ce que j'ai fait sera, tôt ou tard, une source d'ardeurs nouvelles après que j'aurai disparu.* » Il y croyait, tout simplement parce que l'auteur de cette phrase s'était avéré toute sa vie durant un véritable visionnaire. Les Français avaient besoin d'un nouvel élan pour les encourager à donner le meilleur d'eux-mêmes. Pascal se devait de rentrer dans ce nouveau mouvement de résistance des temps modernes. Pour Théo. Par amour de la vie. Et parce que c'était le sens qu'il avait donné à la sienne. Au nom des vies volées par le mal-être, Pascal avait décidé de réfléchir aux causes profondes de ces drames, afin d'agir autrement que dans l'urgence.

*

16 septembre, 4 h 30. Levé aux aurores, Pascal alluma son ordinateur. Quelle richesse cette documentation à portée de main, consultable à n'importe quelle heure du jour et de la nuit ! Comment avait-il pu vivre sans Internet auparavant ?

Pascal tapa le mot « mal-être » dans un moteur de recherche. En un seul clic, des centaines de résultats apparurent. Il les consulta tous ! Parmi les sujets liés au mal-être, il y en avait un qui l'intriguait particulièrement : le stress, cause majeure de mal-être. Des libérations chroniques d'hormones du stress pouvaient influer sur l'état moral.

Il enchaîna alors sur les sources du stress : décès, déménagement, changement de poste, éducation des enfants, examens scolaires, problèmes financiers, maladie des proches, divorce et rupture, échecs, etc. La liste s'avérait longue et interminable... et derrière tous ces malheurs s'en cachait un redoutable : le chômage et la peur de perdre son emploi, capable de détruire les familles, fragiliser les enfants, envoyer les gens à la rue, source de maladie. La France comptait alors sept millions de personnes aux portes de la misère ! Rien d'étonnant à ce que chacun, prenant en compte l'ampleur du phénomène, craigne pour lui ou pour les siens de passer le lendemain dans le camp des victimes !

Le jeune médecin multiplia les références, chercha et consulta des études parues dans le monde entier, les classa, tria, synthétisa, et réfléchit, encore et encore, enfin nota quelques numéros de spécialistes. Grâce à Internet, les experts répondaient volontiers à ses questions et les rencontres étaient aussi riches qu'inespérées. Dès qu'il sentait la moindre ouverture chez un interlocuteur, il parlait de son projet. Peu à peu, les uns et les autres l'aiguillaient vers de véritables pointures dans leur domaine. Les semaines passèrent, les unes après les autres, les mois défilèrent. Ses carnets de notes grossirent. Et surtout, son manuscrit prit forme. Dès qu'il disposait d'une minute de libre, Pascal écrivait encore et encore.

À la fin de l'année, son livre, *L'ardeur nouvelle*, était prêt. Dans cet essai, Pascal lançait un appel à chaque citoyen de France et de Navarre pour créer de nouveaux emplois. « *En 1940, alors que le monde tournait le dos à l'humanité*, avait-il écrit, *alors que la France subissait l'humiliation de la défaite, de la déroute et de la débâcle, alors que les Français n'avaient plus que la peur, la sueur et les pleurs, le général de Gaulle a su mobiliser cette énergie et faire en sorte que la France, de nouveau, vrombisse, sillonne et tonne… Et si l'une des solutions à l'emploi incombait effectivement à la mobilisation des mêmes réflexes psychologiques que ceux actionnés en 1940 par le général ? Aujourd'hui, alors que certaines grandes puissances s'érigent en donneuses de leçons en matière d'emploi, il est grand temps de faire sortir la France de l'humiliation. Non, la France n'a plus envie de rougir de son chômage. Il est temps d'agir. En France, nombreux sont ceux qui peuvent employer une personne, une ou deux heures par semaine en échange d'un peu de mieux vivre… Je lance cet appel à chaque citoyen ! Réveillez-vous ! Il est grand temps de reprendre notre avenir en main !»*

Pascal posta le manuscrit. Plein d'espoir. Espoir à son zénith, lorsque huit jours plus tard, il lut la réponse de l'éditeur : oui, le livre serait publié ! Chose très rare dans le monde du livre, non seulement la maison d'édition lui avait répondu en un temps record, mais en plus elle n'avait pas tari d'éloges sur son texte. Un encouragement que lui donnait la vie. Il le savait : Théo n'était pas mort en vain !

6

5 février 2002

« Un groupe en route vers un projet qui le passionne est invulnérable à l'accident et à la maladie. » Un silence s'abattit sur la salle ! Sur scène, Christina Moilène, experte en management motivationnel, retint son souffle. Pascal ne se lassait pas d'écouter cette brillante oratrice, de l'observer. Elle avait vraiment l'art et la manière des phrases qui accrochent et des formules chocs ! Avec cela, un charisme à toute épreuve ! Et jolie femme pour ne rien gâcher !

« Ceux qui rêvent le monde, changent le monde ! Soyez visionnaires ! Quand les hommes rêvent grand, les grands projets voient le jour ! Et surtout, méfiez-vous des experts ! » Explosion générale de rires dans la salle ! Cette fois-ci, Christina sentit qu'elle avait remporté une victoire. Ce tailleur en pure laine lui donnait si chaud ! Jamais elle n'aurait dû le mettre pour monter sur scène. Ou bien était-ce le trac qui la faisait transpirer autant ? Le même qui l'assaillait avant toutes ses conférences. Aujourd'hui, à Limoges, l'enjeu s'avérait de taille. Dans la salle, son public, trois cents personnes environ, rassemblait la crème de la crème : des patrons de grandes entreprises étaient venus l'écouter, ainsi que des hommes politiques, des élus locaux, des députés, et même le ministre de l'Industrie. Il y avait également de grands sportifs ! Avec ces six cents yeux soudain rivés sur elle, pas étonnant qu'elle dégoulinait de sueur !

« Quand, en 1955, reprit-elle, le patron du bureau d'études de Sud-Aviation a demandé à son équipe un avion civil qui fasse rêver le monde... un avion qui traverse l'Atlantique en quatre heures au lieu de huit, ils se sont dressés face à lui. "Les rivets vont exploser !", s'est exclamé l'un d'entre eux ; "Il faudrait qu'il vole à 2 200 km/heure, c'est impensable !", a protesté un autre. De vrais castrateurs ! Mais grâce à la passion que cet homme a su inculquer à son équipe, le Concorde a vu le jour quelques années plus tard. Voilà toute la force de la motivation ! Mesdames, Messieurs, retenez la règle des 4i : "Une équipe passionnée est invulnérable, infatigable, invincible, immortelle" ! » Sur son siège, Pascal Leblanc ne ratait pas un mot, pas une formule ne lui échappait. Il notait TOUT ! « Une entreprise qui ne possède pas la vision d'un futur extraordinaire n'a rien à offrir ! Ceux qui ne rêvent pas le monde, sont changés par le monde ! »

Et quand Christina ajouta que le stress affectait moins les personnes passionnées, Pascal entrevit la lumière au bout du tunnel, il avait trouvé la solution. « On ne vend pas un produit, mais du bonheur, continua Christina. Un produit sans âme ne se vend pas ! Voilà la deuxième règle des gagnants ! Le produit représente un vecteur, mais l'objectif reste le bonheur ! Il faut un projet sociétal ! Un projet qui donne du sens, qui fasse rêver ! Ajoutez à cela une troisième règle : le plaisir de vos équipes prime sur la compétence et c'est grâce au plaisir que vous emporterez votre entreprise sur Mars ! Un leader positif possède l'extraordinaire pouvoir de transformer les membres de son équipe en champions. Sans la motivation, les compétences ne sont rien. Les entreprises qui ferment leurs portes, regorgent de gens compétents, mais démotivés ! Si vous souhaitez que vos enfants brillent à l'école, passez plus de temps à les encourager qu'à les critiquer ! Et cela est vrai pour vos collaborateurs également ! Combien d'ouvriers démotivés en perte de confiance n'osent plus parler ? »

À ce moment précis de la conférence, Pascal jubila, tant et si bien, qu'il ne tenait plus en place. Oui, il avait trouvé la clé ! Alors, quand trente minutes plus tard, Christina salua son public en liesse, accompagnée d'un air de Jacques Brel, *Rêver un impossible rêve*, il bondit de son siège et d'un pas alerte, se dirigea vers les coulisses.

Il lui fallut à peine cinq minutes pour aborder la déesse du management motivationnel. Pascal se sentit intimidé, mais pas assez pour rebrousser chemin. Quel âge pouvait bien avoir cette femme dotée d'une intelligence hors du commun et d'un physique plantureux ? La quarantaine ?

« Bonjour Christina, j'espère ne pas vous importuner. J'ai écouté très attentivement votre exposé. Je me présente, Pascal Leblanc, étudiant en médecine. Pensez-vous que ces cinq règles de management peuvent être transposables à des jeunes en situation d'échec scolaire ? J'aimerais vous revoir pour échanger ensemble à ce propos. » L'espace d'un moment, le jeune homme douta de la pertinence de son audace. Depuis qu'il avait ouvert la bouche, Christina n'avait pas desserré la sienne ! Mauvais signe ! Le niveau de stress atteignit son paroxysme, lorsque, toujours silencieuse, cette femme baissa la tête pour fouiller dans son sac. Pendant quelques secondes, Pascal pensa que la partie était perdue... Aussi, il ne vit pas la main que Christina tendit vers lui.

« Tenez voici ma carte ! Appelez-moi quand vous le souhaitez ! On va se revoir ! » Et avec un grand sourire, elle s'éloigna. Médusé, Pascal la suivit du regard. Elle était si troublante !

7

9 mai 2002

Ce jour était gris, lourd et pluvieux. Sorti sans parapluie, Rémy, 18 ans, marchait vite. Le nez rivé sur le bitume. Le regard plongé dans l'asphalte. Le moral au même niveau.

J - 40 avant le bac. Son bulletin avait encore chuté. Il se sentait nul. Inexistant. Minable. Moche. Un moins-que-rien. Son père ne lui avait-il pas encore répété ce week-end qu'il terminerait éboueur ! « Et pourquoi pas balayeur ? », lui avait-il rétorqué sérieusement.

Rémy trouvait ce job plus poétique. Au lieu de perdre son temps assis dans une salle de classe ou face à un ordinateur dans un bureau, il pourrait alors respirer l'air frais, il vivrait à la lumière du jour. Combien de personnes possédaient cette chance ? Lever le regard vers le soleil. Pourquoi son père aimait-il tant le rabaisser ? Bien sûr, quand il lui en avait fait la remarque, papa avait haussé le ton d'un cran. C'était donc au volume de leur voix que se mesurait l'autorité des faibles qui criaient toujours plus haut et plus fort, avait fini par conclure Rémy !

Le jeune homme n'avait pas trois jours que déjà, son père l'intimait de se taire. Pour dormir en paix, il expédiait son couffin au rez-de-chaussée, loin de la chambre matrimoniale et bien à l'écart de sa mère. Au moins, ses parents dormaient bien. Avec le temps, l'interdiction de pleurer, s'était transformée en interdiction de crier, de jouer, de bouger. Il était ainsi, son père : un briseur d'enfants ! Sa sœur avait su tirer son épingle du jeu en ramenant de bonnes notes à la maison. Mais lui, Rémy, ne possédait pas ce talent. Du moins le croyait-il. Il avait très vite assimilé que pour obtenir l'attention de papa, la casquette « cancre » s'avérait plus efficace. Échouer là où son père avait réussi lui garantissait une singularité et surtout la certitude de ne pas lui ressembler. Souvent, Rémy songeait à ce jour où, devenu éboueur, il traînerait sous les fenêtres du bureau de son père tout en arborant sa tenue verte de petit jardinier. Et bien sûr, à la moindre occasion, il apostropherait son père face aux employés. Personne alors ne pourrait rater cette évidence : Monsieur Lebrun, qui avait beau être patron, n'avait pas tout réussi dans sa vie ! Loin s'en fallait !

Rémy était arrivé au 8, boulevard des Capucines, adresse à laquelle il avait rendez-vous avec le Docteur Leblanc, un médecin à l'écoute qui lui avait été recommandé par son oncle pour mieux gérer ses problèmes d'angoisse et surtout de stress ! Depuis qu'il le consultait une fois par mois, il se sentait plus serein quant à son avenir. Mais aujourd'hui, rien n'allait plus. Ses idées noires avaient refait surface. Se projeter éboueur dans la vie n'avait sans doute jamais remonté le moral de personne. En passant sous le grand porche, Rémy s'arrêta un moment pour contempler cette épée sculptée dans le bois massif. Une épée de Damoclès… la même qui lui pendait au-dessus de la tête d'ici peu.

*

Trois étages plus haut, Pascal Leblanc regarda sa montre. 16 h 45. Depuis la conférence de Christina Moilène sur la motivation, tout s'était enchaîné dans sa vie à une allure vertigineuse. L'experte faisait partie de ces êtres capables de tout révolutionner dans l'existence. Depuis qu'ils s'étaient revus, elle avait complètement chamboulé les plans de Pascal.

Comment dire ? S'il n'avait pas réussi à trouver auprès des politiques un appui tangible, suite à la sortie de son livre *L'ardeur nouvelle*, il en avait conclu que la politique pouvait se mener sur d'autres fronts, ou du moins d'une autre manière. Il était ressorti par la porte, mais comptait bien rentrer à nouveau par la fenêtre. Et grâce aux échanges qu'il avait eus avec Christina et les nombreuses études parues dans le monde sur le sujet qu'il avait lues, il avait fait de la motivation un axe central de sa réflexion. Ce changement de paradigme avait complètement révolutionné son approche de la médecine et surtout de la santé avec un grand S. Il avait ainsi réussi à trouver une méthode pour remotiver les jeunes en échec. Dans un second temps, il avait voulu vérifier si elle pouvait fonctionner auprès des sportifs de haut niveau. Et là, d'un coup, tout s'était éclairé. Pascal, qui était devenu le médecin d'amis cyclistes de haut niveau, avait eu l'idée de mesurer leur taux de cortisol. De ces biologies était clairement ressorti que lorsque la motivation prospérait, le taux de cortisol chutait clairement dans le sang. Depuis ce constat, Pascal avait transformé la motivation en véritable arme contre le stress. Un médicament, sans douleur économique, ni effet secondaire qu'il comptait bien distribuer et répandre sans modération dans le monde de l'entreprise. Pascal entendait d'ailleurs à terme créer son Cabinet de conseil. Il avait déjà pensé le baptiser « *Entheos* » ou encore « enthousiasme » en grec, qui, selon lui, manquait tant au monde de l'entreprise et à la société en général ! Et pourquoi pas un jour, pensait-il, entrer à nouveau dans l'arène politique, non pour se battre pour un morceau de pouvoir, mais plutôt pour répandre ses idées, étape nécessaire pour changer de façon décisive la donne dans le monde du travail. Régulièrement, Christina lui répétait sa foi en lui. L'avait-elle un brin trop motivé ? Ou était-ce l'optimisme de Pascal 100 % pur jus, qui lui faisait voir si grand ?

Régulièrement, environ deux à trois fois par mois, Pascal retrouvait Christina pour prendre un verre. Dans le bar d'un très bel hôtel. Ensemble, ils rêvaient d'un monde meilleur, sans mal-être. Et justement, ce soir était celui des retrouvailles… Hors de question de rater ce rendez-vous, prévu à 18 h 30, rempli d'espoirs et d'avenir ! Tous deux ambitionnaient de redonner aux citoyens les moyens de s'investir activement dans la société.

*

À 16 h 48, Pascal jeta à nouveau, à moitié anxieux, à moitié agacé, un œil sur l'heure. Rémy n'était toujours pas arrivé. Ce jeune l'inquiétait au plus haut point. Surtout ces derniers temps. Son père avait une telle emprise sur lui ! Autant les quatre leviers de motivation de Christina avaient marché à merveille pour remettre sur les rails Antoine, Émilie, Chloé, Ludivine, Léo et Malo (tous envoyés par des patients qu'il avait soignés), autant, avec Rémy… L'adolescent lui donnait du fil à retordre. Le mois passé, il était arrivé avec une heure de retard, la fois précédente, il avait oublié son rendez-vous. Et cette fois-ci, Dieu seul savait quelle surprise, il lui réservait ! En plus de cette difficulté, le jeune ne s'ouvrait pas. Une vraie porte blindée ! En général, chaque question se soldait par une réponse fermée, signe d'une grande méfiance. Impossible de comprendre ce qui l'animait dans la vie… clé pourtant pour le sortir de l'impasse.

« Il te teste, lui avait encore répété la veille au soir au téléphone Christina. Avec lui, essaye plutôt les encouragements ! Il en a si peu l'habitude ! Cela pourrait peut-être mieux le motiver ! »

Persuadés que les compliments tout comme les encouragements ne faisaient pas vraiment partie du bagage culturel des Français, Christina et Pascal s'amusaient souvent à collectionner leurs meilleures anecdotes à ce sujet-là !

« Au fait, Christina, tu te souviens de ce patron d'entreprise dont je t'ai parlé récemment ? Il en a remis une couche avec son ouvrier… Pour le féliciter de son travail bien fait, il lui a dit la semaine dernière : “Eh bien tu vois, tu n'es pas aussi bête que tu en as l'air !”…

— Ah oui, il aurait évidemment mieux fait de se taire, rit-elle à gorge déployée. Écoute, j'en ai une toute jolie pour toi. Un patron découvre un jour que son ouvrier, qui est graphiste en dehors de l'usine, dessine merveilleusement bien. Il lui propose de collaborer dans le magazine de l'entreprise. Ému, l'ouvrier met tout son cœur à l'ouvrage. Grâce à ses fabuleux dessins, le magazine d'entreprise commence à connaître un franc succès. Alors qu'il était très peu lu jusqu'alors, les salariés se l'arrachent des mains dès la sortie de l'imprimerie ! Véridique !

— Ma chère Christina, cette histoire est merveilleuse ! Permets-moi de la replacer autant de fois que cela m'est possible. »

Souvent, lors de leurs rencontres, Christina et Pascal s'entraînaient à ce jeu : dix minutes à se complimenter et à s'encourager. Pascal commençait – galanterie oblige –, puis Christina enchaînait. Ils avaient baptisé ce moment, le « temps d'échange entre amis » : TEA ! Et pour plaisanter – ils aimaient tous les deux rire – ils avaient ajouté le mot « time », ce qui à la longue s'était transformé en « apéro time » ! Christina se serait bien accommodée au début d'un thé, mais, à la longue, ce breuvage était devenu un bon whisky ! Rien de tel pour décompresser.

16 h 50. Était-ce un bruit de pas que Pascal avait entendu derrière sa porte d'entrée ? La plupart du temps, Rémy montait sans le prévenir ! Il arrivait toujours à se faufiler derrière un voisin et à esquiver l'interphone ! Une étrange manie… Et Pascal avait eu beau lui expliquer plusieurs fois qu'il fallait sonner à l'interphone, le garçon avait toujours fait la sourde oreille.

16 h 51. Soudain, Pascal tressauta au son de la sonnerie. Il s'attendait si peu à entendre Rémy annoncer sa présence dans

le haut-parleur. Excellent ! Pascal avait trouvé son point d'accroche ! Trois minutes plus tard, l'adolescent franchissait le seuil de sa porte.

« Merci Rémy !, lança-t-il tout joyeux.

— Merci de quoi ?

— Merci d'avoir respecté l'étape interphone !

— Ce n'est rien, je vous en prie !

— Pour moi, c'est énorme, Rémy ! Cela signifie que tu m'as entendu. Je me sens ainsi respecté, chose que je n'avais jamais ressentie lors de nos dernières entrevues. Comment vas-tu ? »

L'espace d'un moment, le visage de Rémy s'illumina. Pour Pascal, ce sourire symbolisait une petite victoire. Christina avait eu donc raison. L'encouragement avait fait mouche ! Mais quand Rémy ouvrit la bouche, sa mine s'assombrit à nouveau.

« Bof !

— Tu peux m'en dire un peu plus ?

— Mon père… m'a encore répété que je deviendrais éboueur ! Il est tellement méprisant pour les gens qui comme moi n'ambitionnent pas de devenir des personnes à responsabilité ! Jamais il n'acceptera que je devienne paysagiste ! Vous ne lui en parlerez pas, n'est-ce pas ?

— Bien sûr que non ! C'est la première fois que tu me parles de ce projet ! Raconte-moi ! Cela a l'air passionnant… »

Grâce à Christina, Pascal avait une fois de plus réussi à obtenir un résultat tangible. Ce soir, il avait la certitude d'être enfin arrivé à entrer dans le monde de ce jeune. Et il savait à présent que le sauver de sa souffrance était certainement possible. Il avait hâte de partager sa découverte avec son amie !

8

13 juin 2007

Gaspard accéléra. À 160 km à l'heure sur la départementale D33, gyrophare et klaxon à tue-tête, l'ambulancier était extrêmement vigilant ! Les mains sur le volant, il avait vraiment l'impression de conduire sa vie comme il l'avait toujours rêvée. Ici et là, les voitures s'écartaient sur son passage. Heureusement, la circulation s'avérait assez fluide.

« Comment s'appelle cette entreprise où nous nous rendons ?, demanda Marie.

— Plasticar !, répondirent en chœur Pascal et Gaspard.

— Une entreprise de plasturgie où il y a de gros problèmes de stress en ce moment, j'ai un cousin qui y bosse, il s'en plaint beaucoup ! », précisa Gaspard.

Pascal précisa : « Trois malaises en moins de quatre mois ! Ce n'est plus un hasard. » Et songeur, il réfléchit à la conversation qu'il avait eue la veille avec son amie Christina : un « apéro time » comme ils n'en avaient pas eu depuis longtemps. Ce Speymalt 1950 n'était d'ailleurs pas de trop pour fêter leur cinq ans d'amitié, un mélange boisé, fruité et épicé, digne de cette relation exceptionnelle à en faire pâlir leur conjoint respectif ! Pascal en avait profité pour partager avec sa chère amie ses inquiétudes.

Ces derniers mois, les malaises au travail se multipliaient en France. Signe de trop de pression au bureau ? Fallait-il y voir les conséquences désastreuses sur les salariés de la réduction du temps de travail et des nouvelles méthodes managériales ? Pascal en était convaincu. La preuve, il connaissait deux ou trois entreprises dans le secteur, dont les patrons avaient un grand respect de leurs salariés et décidé de privilégier leur bien-être. Résultat : les collaborateurs souffraient de bien moins de problèmes de santé. Mais ces deux ou trois cas de figure faisaient presque office d'exception à la règle. Avec moins de moyens et de temps, les travailleurs devaient toujours fournir plus. À ce rythme-là, il y avait fort à parier que les burn-out deviendraient de plus en plus fréquents dans les années à venir ! Passé un certain seuil de stress, l'organisme souffrait. Et le stade critique était depuis un certain temps atteint. Il avait d'ailleurs rappelé à son amie la longue liste impressionnante des dégâts collatéraux possibles créés par un stress permanent : hypertension, palpitations, baisse du potassium dans le sang, toux sèche, sensation d'étouffement, brûlures d'estomac, reflux gastro-œsophagien, aérophagie, nausée, colopathie fonctionnelle, déséquilibre de la flore intestinale, rhinite vasomotrice, gènes pharyngés, irritation oculaire, douleurs vertébrales, notamment au niveau des cervicales et des lombaires, ulcère gastro-duodénal, infections à répétition, arthrose amplifiée, accident cardio-vasculaire, etc.

Les maux étaient infinis ! Mais pire que tout : il y avait également les dépressions et les tentatives de suicide ! La veille encore, les médias avaient révélé un nouveau cas de suicide dans une très grande entreprise française. Dans un article du *Matin libéré*, l'une des sources avait émis l'hypothèse d'un plan managérial sciemment et froidement calculé pour accélérer les départs. Dans quelle société vivait-on ?

Mais Pascal et Christina n'étaient pas du genre à se laisser abattre. C'était d'ailleurs leur incroyable optimisme et leur joie de vivre qui avaient scellé leur magnifique entente. « Tu peux le faire, Pascal, tu en as vraiment la capacité, crois-moi », lui avait répété dix fois Christina dans la soirée. Si Pascal doutait, ce n'était vraiment pas de ses capacités de médecin, mais surtout d'entrepreneur ! Pourtant, diriger un Cabinet de conseil en bien-être pour les entreprises, il en rêvait ! Mais ce monde des chiffres lui paraissait si abscons. Le mois dernier, il s'était encore rendu compte de ses limites. À la fin d'une conférence sur la prévention du stress au travail, qu'il avait donnée dans une entreprise, le directeur des Ressources Humaines lui avait demandé d'envoyer une facture. Pascal avait blêmi ! Il était dans l'incapacité d'en fournir une !

*

« Sommes arrivés ! », lança gaiement Gaspard, tout en garant fermement le véhicule juste devant l'entrée de Plasticar. Aussitôt, Pascal et Marie s'élancèrent dehors. L'assistante de direction du patron, une dénommée Gisèle, les accueillit.

« Je suis très inquiète, Docteur, suivez-moi ! Tout a commencé il y a environ quarante minutes. Madeleine se sentait mal, elle souffrait, disait-elle, de maux de tête, une douleur diffuse dans la cage thoracique. Mais elle se rassurait en répétant que cela passerait ! Malgré les recommandations de son manager, elle n'a pas désiré s'arrêter. Vous savez, cette femme, une de nos ouvrières les plus courageuses, ne s'écoute pas. En vingt ans de carrière, je ne l'ai jamais vue prendre un seul arrêt maladie. Une collègue l'a retrouvée sur le sol. La voilà.

— Bonjour Madame ! Comment vous appelez-vous ? »

Pascal s'adressa à la patiente en douceur, tout en posant une main sur son épaule.

« Madeleine.

— Madame, quel âge avez-vous ?

— 55 ans.

— Comment a commencé ce malaise ?

— Un mal de tête, une nausée importante, et l'impression que mes jambes se dérobaient.

— Vous êtes tombée d'un coup ?

— Je ne me souviens plus.

— Cela vous est-il déjà arrivé dans le passé ?

— Non, Docteur. Ah, j'ai oublié de vous préciser une chose : avant le malaise, j'ai senti des palpitations. »

Le cœur de Madeleine générait une pression artérielle basse. En raison des risques de problèmes coronariens, Pascal confirma à Marie la nécessité de faire un bilan avec des enzymes cardiaques. De son côté, Gaspard installait déjà les électrodes pour réaliser un électrocardiogramme. Quelques secondes plus tard, le verdict tomba : infarctus du myocarde. Pascal s'inquiéta des antécédents de Madeleine une nouvelle fois et commença un traitement spécifique ; l'état de la patiente se stabilisa.

« Ne vous inquiétez pas Madeleine, tout va bien. Néanmoins, votre cœur souffre et nous devons vous transporter à l'hôpital pour poursuivre le bilan et adapter le traitement. Voulez-vous prévenir un proche ? »

Madeleine avait à peine eu le temps de répondre que déjà Gaspard et Pascal la hissaient sur un matelas coquille. Vingt minutes plus tard, toute l'équipe arriva au CHU d'Oyonnax. Heureusement, le service de cardiologie disposait d'un lit pour accueillir cette patiente. Madeleine put bénéficier immédiatement d'un box en réanimation cardiologique ! Avant de repartir pour sa prochaine mission, Pascal l'avait prévenue qu'il repasserait prendre de ses nouvelles prochainement. « Vous êtes entre de bonnes mains, Madeleine ! », lui avait-il glissé avant de prendre congé.

La quinquagénaire n'en revenait pas ! Un médecin aussi prévenant, elle n'en avait plus rencontré depuis longtemps. Son généraliste, le Docteur Garnier, qui la suivait presque depuis sa naissance, avait toujours eu un comportement très paternel avec elle. Quand elle se sentait mal, il lui suffisait parfois juste de le voir l'espace d'une consultation pour ressortir du Cabinet, pratiquement guérie ! Après tout, n'était-ce pas lui qui l'avait sauvée de ce méchant purpura rhumatoïde à 6 ans, quand sa mère n'avait pas pris au sérieux ses douleurs articulaires ? La crise avait commencé juste la veille de la rentrée scolaire. Bien sûr, c'était suspect. Heureusement Garnier – ainsi l'appelait toute la famille – avait posé le bon diagnostic en un clin d'œil !

Madeleine eut les larmes aux yeux en se remémorant son sauveur, qui, sentant que la médecine prenait un tournant critique, avait décidé d'arrêter d'exercer, il y avait de cela déjà bientôt deux décennies ! Madeleine avait 30 ans quand celui qui l'avait suivie durant toutes ces années avait rendu sa blouse blanche. Depuis, elle n'avait jamais retrouvé une si grande confiance en aucun médecin. Le Docteur Leblanc faisait-il partie de ces praticiens complètement dévoués à leurs patients, qui prennent le temps de les écouter afin d'affiner leur diagnostic ? Madeleine l'aurait parié. De la chaleur humaine – comment la définir ? –, le sens du contact, un je-ne-sais-quoi rendait cet homme plus humain que les autres. Ou était-ce simplement l'effet des calmants qui la plongeait dans des divagations aussi absurdes que mélancoliques ? Blottie sous ses draps blancs, Madeleine ressentit soudain une envie irrépressible de pleurer. Elle ne contrôlait plus rien.

*

« Bonjour ! Comment allez-vous aujourd'hui ? »

Du fond de son lit, Madeleine entendit une voix enjouée. Ce timbre déjà familier était celui de ce gentil toubib du SAMU, rencontré la veille. Elle ne s'était pas trompée : un homme de parole. Rien qu'en réalisant cela, des larmes lui montèrent à nouveau aux yeux. Et dire qu'elle se croyait si forte !

« Sans horizon et sans force aucune, Docteur !

— Sans horizon ?

— Oui, pourquoi tant d'efforts pour en arriver là !?

— Vous avez eu le sentiment de trop en faire ces derniers temps ?

— Vous savez, Docteur, cela fait vingt ans, jour pour jour, que je suis entrée à Plasticar. L'entreprise aujourd'hui, n'a plus rien à voir avec celle qu'avait créée le fondateur, Bernard Entier. Oui, cet homme méritait vraiment son patronyme. Il le portait si bien ! Depuis qu'il nous a quittés, la vie à l'usine a perdu son sens. On travaille toujours plus. Et le salaire ne suit pas. J'ai de plus en plus de difficultés à payer mon loyer en temps et en heure. À la maison, on économise sur tout. Pour payer les études de mes enfants, j'ai souscrit deux crédits à la consommation, soit dix ans d'endettement en perspective. J'aurais tellement aimé pouvoir en suivre, mais mes parents n'en avaient pas les moyens. Mes enfants doivent avoir un avenir meilleur que le mien. C'est pour eux que je m'accroche. À Plasticar, de nouvelles directives arrivent tous les jours, toujours plus drastiques. Produire, produire, produire… de jour comme de nuit. De nuit comme de jour, et parfois même le dimanche ! Avec des délais de plus en plus courts. Sans aucune reconnaissance ! Bien sûr, quand il y a une faute, là, on ne nous rate pas. Depuis l'arrivée du nouveau manager, les équipes ont fondu, j'ai vraiment peur de me retrouver dans la prochaine charrette ! Je n'ose même plus prendre ma pause pour aller aux toilettes. Mais maintenant que je me retrouve dans cet état, comment remonter la pente, comment continuer à faire croire à mes enfants que le monde dans lequel ils vivent, est beau et qu'il mérite la peine de se battre pour y trouver sa place ? À quoi bon tout cela ? »

Ce désespoir, Pascal l'avait déjà entendu maintes fois dans la bouche de ses patients. Cette infection froide ne connaissait pas de frontières et se répandait sur le globe chaque jour davantage, causant sur son passage des dégâts collatéraux colossaux.

Depuis quand les hommes avaient-ils perdu la foi en leur capacité à influer sur le cours de l'histoire ? Avaient-ils eu seulement déjà confiance un jour ? Le peuple français devenait-il gaulliste uniquement quand il y était acculé ? La majorité s'épuisait à se battre pour conserver son emploi, mais à quel prix et pour combien de temps ? Toutes ces questions renvoyaient Pascal aux calendes grecques, mais surtout le plongeaient dans les songes d'une société idéale qui probablement avait été enjolivée par les historiens de l'époque : la Cité d'Athènes. Et quand la peur du chômage et de la paupérisation submergeait les travailleurs – cadres comme employés – sans doute en perdaient-ils toutes notions de leurs limites. Pour preuve, les cas d'épuisement au travail qui se répétaient chaque année. Le malade veut toujours qu'on lui donne un pronostic vital. Mais là, Pascal était bien en mal d'en donner un. Le malaise était si diffus, erratique, aux formes multiples !

« Apéro Time ? » Un texto de Christina venait juste de s'inscrire sur le portable de Pascal.

Pour éviter de se battre trop avec son nouvel écran tactile de téléphone portable, qu'il ne maîtrisait pas encore totalement, Pascal lui avait répondu dans un style télégraphique : « OK, rendez-vous dans cinq minutes, où tu sais. Journée un peu difficile ! »

*

Christina était très en beauté ce jour-là. Cette robe en lin couleur grenade faisait ressortir son teint de pêche. Un vrai fruit ! Et ce carré déstructuré offrait à son visage une douceur infinie. Christina possédait un regard de chat, aussi mystérieux que captivant. Quant à ses yeux bleus pailletés d'or, ils brillaient au soleil comme autant d'étoiles dans un ciel d'août, la nuit. Christina pouvait avoir des idées aussi filantes que les étoiles à cette époque de l'année. Face à une telle intelligence, Pascal s'était senti bien des fois intimidé.

« Tu aimes ma nouvelle coupe ?

— Magnifique !

— Alors tes tourments ? Que t'arrive-t-il ?

— Une patiente. Encore un problème lié au travail ! J'ai une petite idée Christina. Pourquoi ne créerions-nous pas un élan civique, à l'image de la démocratie grecque, dans lequel chacun jouerait activement son rôle, avec envie, avec motivation ? La parole de chacun compterait, quel que soit son âge, quel que soit son rang social ou son emploi dans la société. Ne serait-ce pas un bon levier pour renforcer la confiance en chacun ainsi que le goût de l'initiative ?

— N'aurais-tu pas trop lu Thucydide ?

— Après tout, la démocratie athénienne n'est pas née d'une révolution, mais bel et bien de l'engagement des citoyens en politique pour assurer l'unité de la Cité. C'est cela qu'il faut retrouver ! Whisky ?

— À peine abattu à ce que je vois ! »

Christina était restée bouche bée. Mais elle avait déjà une idée en tête. Il était grand temps que Pascal fasse la connaissance de l'une de ses plus chères amies, l'une des plus érudites en matière de démocratie grecque.

9

18 juin 2007

Penché sur son coffre de voiture, Pascal opéra une dernière vérification avant le départ. Tout y était : le kit de secours pour les accidentés, sans lequel il ne prenait jamais la route, son bagage, les trois dossiers consultés durant le week-end et l'ébauche de son nouveau projet : « Agora, le nouvel élan civique », qu'il comptait montrer à une helléniste de renom, Jacomina Davidina. « Non, pensa-t-il, décidément, ce dernier mérite un emplacement digne de son rang, à côté du siège du conducteur. » Assis à la place du passager à l'avant, Agora, tout comme Pascal, était fin prêt pour le voyage ! Direction Paris. S'il n'y avait pas trop d'embouteillages, la route ne devrait pas être trop longue : un Deauville-Paris en deux heures, voilà une hypothèse qui était tout à fait plausible. Exit le GPS, Pascal n'en avait vraiment pas besoin.

Après avoir jeté un dernier regard amoureux sur Agora, Pascal démarra le moteur de sa Clio. Les yeux rivés sur la route, il se prit à rêver à son nouveau projet. Avoir comme marraine Jacomina Davidina pour le lancer augurerait vraiment un décollage rapide et serait absolument fabuleux en termes de crédibilité. Les travaux de cette éminente érudite étaient reconnus internationalement ! Son imagination n'ayant pas de limites, Pascal la laissa prendre son envol : il se mit à rêver d'une grande transformation de la société, où l'attentisme et le désespoir, les ravages du mal-être et les maladies qui l'accompagnaient, auraient été éradiqués. Pascal se sentit soudain hissé au rang de médecin d'un nouveau genre : praticien de l'agora ! Et tant pis s'il se trompait : il préférait de loin le rêve au sommeil profond. Et alors que le doute s'immisçait sournoisement dans son esprit, Pascal eut soudain l'étrange sentiment de percevoir une voix le ramener sur Terre.

« Cessez de vous voir dans un costume de politique ! Ce n'est pas votre destin. Le vôtre consiste à réhumaniser l'économie. Une fois votre but atteint, vous aurez la possibilité de faire de la politique, mais uniquement pour servir votre mission !

— Mais, voyons, voilà qui ne correspond pas vraiment à mon projet de mobiliser les citoyens pour changer la société », réfléchit Pascal, tout en imaginant déjà, malgré l'avertissement, comment une composante de son action pourrait même intégrer cet aspect sociétal.

Mais aussitôt, la voix le ramena... vers son but. « RÉHUMANISER L'ÉCONOMIE ! » Ce n'était pas la première fois que Pascal sentait cette présence à ses côtés, mais c'était la première fois que le message était aussi précis. Peut-être était-il l'instrument de cette force invisible. Peut-être devait-il se laisser porter par elle. Désemparé, le médecin se surprenait à penser que tout arriverait en temps et en heure, selon une savante organisation qui lui échappait, mais qu'il acceptait pleinement. La naissance d'Enthéos quelque temps plus tard, lui donnerait raison.

Pour le moment, Pascal se sentait prêt à rencontrer les personnes qui lui enseigneraient l'art de la gestion d'entreprise et celui de développer ce projet qui lui tenait tant à cœur !

10

2 juillet 2007, 14 h 30

Ratatiné pour moitié tel un accordéon, le véhicule, une Peugeot 207 grise, se trouvait encastré contre un arbre. L'état de la voiture ne laissait rien présager de bon sur celui du conducteur. Les pompiers informèrent Pascal que la « désincar »* devait arriver d'un moment à l'autre. Chaque minute comptait. Pour n'en perdre aucune, le médecin se faufila par le coffre pour accéder au conducteur. Il découvrit alors un jeune couvert de sang. Dans le coma, ce dernier ne respirait pratiquement plus. De plus, sa tête présentait une plaie importante.

« Gaspard, pas le temps d'attendre la "désincar", débita Pascal à la vitesse de la lumière tout en ressortant du coffre, il faut l'intuber ! »

Rapide comme l'éclair, Gaspard apporta le matériel nécessaire et Marie perfusa la victime au niveau de l'avant-bras. Pascal, lui, l'intuba.

« Vite, il est en arrêt ! », alerta Marie.

* Véhicule de désincarcération.

Une fois l'intubation terminée, Gaspard apporta le respirateur à Pascal qui le raccorda à la sonde d'intubation. Pascal s'écarta alors et Gaspard commença un massage cardiaque dans des conditions très difficiles.

« En plus, il a inhalé, lança-t-il. Nous sommes très mal. » Pour optimiser ses chances de réussite, Pascal se rattacha au moindre signe de vie. Les pupilles du jeune n'étaient pas encore totalement dilatées. Pendant ce temps, la « désincar » était arrivée et trois pompiers commencèrent à découper le véhicule.

Les pensées fusaient rapidement dans la tête de Pascal. L'espace d'une seconde, il ne put s'empêcher de s'interroger sur l'âge de la victime. Dix-huit ans, 19 ans ? Face à de jeunes patients, Pascal sentait une double pression monter en lui, des drames comme celui du petit Théo, il ne voulait plus jamais en connaître. L'adrénaline injectée par Marie ne semblait pas produire d'effets. Pascal émit l'hypothèse que c'était sans doute dû à la position du patient, qui altérait l'efficacité du massage. Heureusement, en moins de cinq minutes, les pompiers, très professionnels, réussirent à découper le véhicule. Et l'équipe de choc réussit aussitôt à extraire le jeune patient de la voiture, en le faisant glisser sur une civière. Ils le transférèrent aussitôt dans le véhicule des pompiers. Les manœuvres de réanimation, comme Pascal l'avait supputé, gagnèrent alors en efficacité.

Entre-temps, les gendarmes avaient identifié le jeune : un dénommé Aurélien Treil, le fils du patron de Plasticar, Hervé Treil ! Évidemment, Pascal fit immédiatement le rapprochement avec Madeleine, sa dernière patiente victime d'un infarctus. Aurélien devait être l'enfant de ce patron tant décrié.

Pendant ce temps, les badauds curieux s'étaient amassés autour du lieu de l'accident. D'aucuns commentaient les faits et gestes des pompiers, d'autres l'âge de la victime. L'un d'entre eux se faufila pour s'approcher du véhicule où se trouvait le jeune blessé. Un pompier eut beau l'en éloigner, il s'était rapproché à nouveau. Quand ce dernier s'apprêta à prendre une photo d'Aurélien en sang, Pascal, pourtant normalement très patient, explosa de rage :

« Casse-toi, tu devrais avoir honte !

— Oh ça va, on peut se parler calmement. Je prends juste une photo ! », lui répondit l'homme sans conscience.

Heureusement, un policier qui avait assisté à la scène intervint aussitôt pour éloigner l'intrus. Et alors que Pascal, Gaspard et Marie continuaient à masser Aurélien, un autre membre de la police glissa sa tête à travers l'entrebâillement de la portière :

« Juste pour vous informer, les parents du petit vous attendent. Ils souhaitent vous parler.

— J'arrive dans quelques minutes, pas maintenant ! », répondit immédiatement Pascal.

Affolé, perdu et désespéré, Hervé Treil fixait sans relâche le véhicule maculé de sang.

« Aurélien, je t'en supplie accroche-toi, ACCROCHE-TOI, C'EST PAPA, JE T'AIME, MON GARÇON », hurla-t-il sans même savoir où se trouvait son enfant. Ce cri de douleur résonna au loin jusque dans le cœur de Pascal.

« Je suis Hervé Treil, où est mon fils ? Il conduisait le véhicule. Je cherche mon fils. Où est-il ? Où l'avez-vous installé ?

— Il se trouve dans le véhicule des pompiers, lui répondit un gendarme. Le médecin est au courant de votre présence et viendra vous voir dès que possible. »

Dans le camion des pompiers, un premier bip résonna sur le cardioscope, l'équipe avait enfin réussi à récupérer du rythme cardiaque. Ce dernier n'était pas encore régulier, mais un choc électrique externe régularisa la situation. Le cœur du patient battait-il à nouveau en réponse au cri d'amour de son père, se demanda Pascal ? Face aux mystères de l'âme, la médecine se sentait souvent bien petite.

À la vue du véhicule endommagé, Lise, la mère d'Aurélien, s'effondra sur le sol, livide. Heureusement, un pompier la prit immédiatement en charge. Entre sa femme et son fils, Hervé Treil semblait complètement désorienté. Pascal sortit alors du camion.

« C'est vous le père ?

— Oui. Où est mon fils ? Oh mon Dieu que lui est-il arrivé ? Rassurez-moi, il est encore en vie, Docteur ? S'il vous plaît, je veux le voir.

— À notre arrivée, votre fils était en arrêt cardiaque. Il présente un grave traumatisme crânien et il a inhalé. »

Au regard déboussolé d'Hervé Treil, le médecin, couvert de sang, de boue et d'herbe de la tête aux pieds, précisa.

« Il n'arrivait plus à respirer, car il avait vomi dans ses bronches. L'asphyxie a certainement causé l'arrêt cardiaque. Après l'avoir aspiré*, il respire à nouveau grâce à une machine et le rythme cardiaque vient de repartir ! Son état est encore très instable, tout peut se passer. Un hélicoptère va le conduire aux urgences, il est attendu au service de réanimation. Je vous tiens au courant.

— Puis-je monter avec lui ?

— Désolé, à bord, il n'y a pas la place. Et vu la situation, il est préférable que vous restiez auprès de votre femme. Elle a besoin de vous ! Et vous pouvez l'aider.

— Puis-je voir Aurélien, alors ?

— Quinze secondes, suivez-moi. »

Dans le camion, les machines jouaient un air de survie. Les bips s'enchaînaient les uns à la suite des autres. Allongé sur le brancard, Aurélien était intubé et perfusé de toutes parts. Hervé se précipita sur le corps méconnaissable de son fils.

* Aspiration de la trachée et des bronches.

« Je t'en supplie Aurélien, c'est papa, je t'aime, accroche-toi ! »

À la vue de son mari effondré qui ressortit en larmes du camion, Lise s'évanouit à nouveau.

« Chérie, reviens à toi, ce n'est pas le moment ! », lui ordonna-t-il, tout en la secouant. Mais que pouvait faire cet homme meurtri qui s'accrochait, misérable, aux jambes de son épouse pour l'aider à revenir à elle ? Tandis que deux pompiers tentaient de dégager Lise pour la secourir, Pascal attrapa Hervé derrière par les épaules pour le relever.

« Docteur, je vous en supplie, sauvez mon fils ! »

Le médecin posa alors sa main sur l'épaule d'Hervé :

« Soyez bien certain, Monsieur, que nous ferons tout pour ! »

En entendant les mots de Pascal, Hervé sentit un petit apaisement en lui. Cinq minutes plus tôt, il ne le connaissait pas. Mais, ce médecin inspirait confiance. Était-ce le ton de sa voix ? Sa manière de parler plutôt posée ? La profondeur de son regard ? Sans doute l'ensemble !

« Vous pensez qu'il va s'en sortir ?

— Il me manque trop d'éléments pour me prononcer : les résultats du scanner nous donneront déjà plus d'informations, notamment sur l'état de son cerveau. Une seule chose est sûre, votre fils se trouvera entre de très bonnes mains. »

Face à ce sombre pronostic, Hervé s'effondra à nouveau en larmes. Alors que l'hélicoptère se posait non loin de là, une rafale de vent rabattit une mèche de cheveux sur ses yeux. Le ciel obscurci laissait présager un orage imminent. La pluie commença à tomber à petites gouttes, puis plus sûrement, et finit par noyer complètement les larmes d'Hervé.

« Docteur, pensez-vous que je puisse me rendre de suite au service de réanimation où sera mon fils. Je ne peux pas le laisser seul !

— Pour le moment, c'est trop tôt. Il faut attendre le bilan. Si vous le souhaitez, je vous téléphone pour vous donner des nouvelles du transfert en hélicoptère.

— Oh merci Docteur, je vous en suis infiniment reconnaissant. Vous faites vraiment un drôle de métier !

— C'est entendu, j'ai vos coordonnées, je vous appellerai d'ici peu. »

Alors que la pluie se renforçait, Hervé suivit du regard l'hélicoptère dans le ciel où se trouvait à présent la chair de sa chair, son tout-petit qu'il avait vu naître, et que ce matin encore, il traitait de vaurien. Fallait-il y voir un sombre présage ou encore la facture à payer pour avoir jeté sa photo à la poubelle ? En tournant la tête, il vit sa femme en sanglots, encore plus désemparée que lui. Qui des deux pourrait consoler l'autre, si Aurélien venait à disparaître ? Il écarta aussitôt cette pensée de son esprit.

11

2 juillet 2007, 21 heures

La vue embuée, Hervé avait eu beau relire ces quelques lignes une bonne cinquantaine de fois, il n'y croyait toujours pas.

Papa, Maman,
À l'heure où vous lirez ces quelques lignes, je ne serai plus de ce monde. Rien ne sert de culpabiliser, vous n'êtes pas responsables de mon geste. Ma vie était devenue un fardeau, une souffrance au quotidien. Un poids trop lourd : à quoi bon continuer à le traîner ?
Papa, maman, ne m'en voulez pas, je vous aime ! Aurélien.
PS : s'il te plaît papa, promets-moi de ne plus utiliser cette expression "se sortir les doigts du cul !".

Cet accident n'avait donc rien d'un geste malencontreux : Aurélien avait convoqué ce 2 juillet sa propre mort. Il l'avait appelée de toutes ses forces, de tous ses vœux. Il l'avait accueillie à bras ouverts comme un être cher. Il avait flirté avec elle et sans doute l'avait-il embrassée au plus profond de son être, jusqu'à délaisser son corps probablement plusieurs minutes, puisque son cœur s'était arrêté de battre. Et maintenant, la nuit éternelle le laisserait-elle revenir sur le rivage des vivants ? Rien n'était moins sûr ! Quand l'homme invite la mort à danser, les corps se vident en général de leur âme.

Plus il relisait la lettre de son fils, plus Hervé se sentait perdu. Désemparé. Vidé. Il n'avait qu'une hâte : parler au Docteur Leblanc qui lui avait promis lors de leur dernier appel téléphonique de lui rendre visite à son domicile.

« Ne vous sentez pas obligé Docteur !

— J'y tiens, avait insisté le Docteur qui bien sûr avait perçu dans le timbre de la voix d'Hervé son désarroi. De toute façon, ma journée est terminée. »

Leblanc avait tenu promesse. À peine trente minutes plus tard, il était sur place. Hervé apprécia ce geste au plus haut point. Le chef d'entreprise l'accueillit sur le pas de la porte, essoufflé, l'âme coupable, les yeux pleins de larmes.

« Docteur, rendez-vous bien compte, tout cela est de ma faute ! Je l'ai tué, avec cette expression absurde ! Comprenez-vous bien, j'ai tué mon fils ! »

Pascal, qui n'en était plus à son premier drame, connaissait hélas par cœur ce désespoir. Écoute, amour, bienveillance et compassion s'avéraient les armes les plus puissantes qu'il avait trouvées pour le soulager. Rien que du bon sens, mais ces quatre mots d'une puissance avérée, et non prise en charge par la Sécurité sociale, représentaient une vraie panacée, d'une redoutable efficacité !

« Vous l'avez tué ?, répéta-t-il avec beaucoup de délicatesse et de douceur.

— Non, enfin, pas directement. Entendez-moi, je ne l'ai pas assassiné. Mais mon comportement, Docteur, entendez mon comportement. J'ai été si dur avec lui. Rien, je ne lui laissais rien passer. Ce matin encore, j'ai traité Aurélien de vaurien et j'ai autorisé mon collaborateur Alain à le renvoyer des lignes de presse où il effectuait un travail d'été. Jamais, nous n'aurions dû le laisser reprendre la route dans l'état où il se trouvait. Et avec mes horaires de travail ! Je ne l'ai pas vu grandir. Ces dernières années, j'ai été si absent de sa vie ! Ce midi, je regardais un portrait de lui au bureau, et j'étais incapable de me souvenir de l'âge qu'il avait sur la photo. D'ailleurs pensez-vous, Docteur, qu'il puisse s'agir d'un début d'Alzheimer ? »

Discrètement, Pascal ravala sa salive et tout en puisant dans sa réserve de patience, il répondit :

« Mais non voyons ! Un peu de fatigue, sans doute. Un problème à la fois. Là, n'est pas la question aujourd'hui !

— Oui, vous avez raison. Mon Dieu, Aurélien ! » Et tout en se mouchant bruyamment dans un vieux mouchoir en papier, Hervé reposa sur le bureau la lettre de son fils qu'il tenait dans sa main pour la faire lire au médecin. Pudique, Pascal s'arrangeait en général habilement pour ne pas parcourir ce genre d'écrit. La nudité des corps suffisait déjà amplement à amputer les patients de leur intimité, Pascal ne souhaitait pas en rajouter en plongeant dans leur profondeur psychique. La tête basse, Hervé Treil reprit :

« Merci infiniment, Docteur, de vous être déplacé jusque chez nous et aussi tard, en plus ! Voulez-vous boire quelque chose ? Un whisky peut-être ?

— Non, merci, j'ai encore de la route qui m'attend ce soir. Néanmoins, je tenais à vous donner les dernières nouvelles d'Aurélien. Depuis cet après-midi, son état s'est stabilisé. *A priori*, les lésions cérébrales ne sont pas majeures, le cœur a bien récupéré. En revanche, je dois vous annoncer que le diagnostic du réanimateur est nettement moins optimiste concernant l'état des poumons.

— Il va avoir besoin d'une greffe ?

— Ce n'est pas cela le problème. Ses poumons ont beaucoup souffert de l'inhalation. Mais nous gardons espoir que la situation s'améliore.

— Il n'est pas encore sauvé, hein, Docteur ? »

Hervé connaissait déjà la réponse. Un long silence s'installa soudain dans la pièce. Pascal eut alors le sentiment de basculer dans un gouffre d'embarras, de souffrance et de douleur. Et bien qu'il ne lui appartînt pas, il le fit sien l'espace de leur rencontre. Dans ces moments-là, Pascal soignait chaque détail de la conversation : les mots, les regards échangés, les gestes effectués, il savait à quel point chacun d'entre eux comptait.

« Monsieur Treil, à l'instant même où nous avons repris le massage cardiaque, vous êtes arrivé et vous avez crié à votre fils combien vous l'aimiez. Je suis sans doute éloigné de la médecine en vous livrant cette anecdote qui certainement vous a échappé, mais, également proche de la vie : le cœur de votre fils est reparti dans la seconde où vous lui avez crié "je t'aime". C'était absolument bluffant ! Monsieur Treil, votre fils a certainement autant besoin de votre affection que de tous les autres remèdes pour reprendre des forces et retrouver la santé ! N'hésitez pas à lui répéter encore et encore votre amour, croyez-moi !

— Comment va votre femme ?

— Elle a pris des calmants et elle a réussi à s'endormir. Vous l'excuserez, mais, je n'ai pas osé déranger son sommeil. Elle est si fragile !

— Oui, bien sûr, vous avez bien fait ! Je pense avoir des nouvelles d'ici quelques heures encore. De votre côté, tâchez de vous reposer un peu également. Je ne vous appelle que si cela devient nécessaire. Bonne nuit, Monsieur Treil ! »

En allant se coucher ce soir-là, Hervé contempla Lise endormie. Malgré le sommeil profond qui semblait l'avoir gagnée, son visage paraissait toujours tendu et crispé et sa respiration saccadée. Par moments, ses jambes sursautaient sous la couette. L'industriel resta ainsi un bon moment à l'observer. Il regarda son large front, ses épaules dénudées et seulement recouvertes d'une bretelle de chemise de nuit en soie blanche. Il écouta sa respiration. Le souffle de sa femme l'ancra quelques secondes dans le présent. Quoi de plus rassurant que cette vague de vie palpable, mesurable ? Il eut soudain l'étrange sentiment de la découvrir à nouveau, un peu comme s'il portait une nouvelle paire de lunettes et que soudain, il recouvrait un peu la vue. Il ne se souvenait plus de la dernière fois où son regard s'était arrêté plus de dix secondes sur Lise. Une éternité sans doute.

Ce soir, pour la première fois depuis des années, il réalisa à quel point sa femme et lui étaient devenus étrangers l'un à l'autre. La connaissait-il encore vraiment ? Au fond, que savait-il vraiment de ses pensées, de ses inquiétudes, de ses aspirations ? Voilà des années qu'ils n'échangeaient plus qu'autour de l'intendance quotidienne : les études et les notes d'Aurélien, les invités qu'ils recevaient le week-end, les factures à régler, la femme de ménage à embaucher, la voiture à réparer, la maison à entretenir… Comment en étaient-ils arrivés là ? Comment l'un et l'autre avaient-ils permis que la vie leur échappe à ce point jusqu'à dégoûter à tout jamais leur propre fils de se projeter à son tour dans tout futur possible ? D'un coup, les souvenirs refirent surface, les uns après les autres, les uns en appelant d'autres. Hervé pleurait !

Il se remémora leur rencontre sur les bancs de l'école de commerce, un soir d'hiver en 1984. Lise portait ce petit tailleur bleu marine style années 1950 qui lui arrivait en bas du genou. Il revit ses cheveux tressés en chignon, ses boucles d'oreilles clips rouges, de la largeur à l'époque d'une pièce de 5 francs, la blondeur de sa chevelure qui la faisait ressembler à un ange et son sourire qui avait alors le pouvoir d'illuminer ses journées entières. Quand il l'avait abordée pour la première fois, elle lui avait répondu sur un ton espiègle : « Ah oui, c'est toi le garçon aux chaussures rouges, dont tout le monde parle en ce moment » et elle lui avait tourné le dos. Il l'avait regardée s'éloigner dans le couloir de l'école à côté de ses deux copines.

Il avait parié que si elle se retournait, il avait encore une chance auprès d'elle. Et effectivement, elle s'était retournée. Trois ans plus tard, ils arpentaient ensemble bras dessus bras dessous le perron de l'Église de Cure Saint Léger, à Oyonnax, pour le meilleur et pour le pire. Aurélien était arrivé un an plus tard. À peine était-il né que la sage-femme l'avait posé sur le ventre de Lise, mais Hervé avait eu la chance de le prendre rapidement dans ses bras aussi. Quelle magie avait été ce premier contact avec cette petite boule de chair, sortie tout droit du ventre de sa mère ! Aurélien avait poussé des petits gémissements en ouvrant quelques secondes les paupières. C'était si charmant. Les mois avaient passé. Il revoyait encore la première dent de son fils, puis ses premiers pas, sa première chute en marchant. Comment avait-il pu enfouir jusqu'à l'oublier cette émotion si forte qui l'avait traversé lorsqu'il avait entendu Aurélien l'appeler pour la première fois « papa » ? Ils étaient alors à la mer et le petit garçon avait pointé du doigt un bateau. Hervé sentait encore la fraîcheur des vagues fouetter ses pieds à ce moment précis et la chaleur du petit corps de son fils tout blotti contre lui aux creux de ses bras. L'été suivant, Aurélien avait fêté son anniversaire avec ses petits amis pour la première fois. Quand il avait soufflé ses trois bougies, il avait fallu les rallumer une bonne douzaine de fois, il y avait eu de la cire sur tout le gâteau au chocolat ! Aurélien avait 4 ans, quand d'un coup, Hervé l'avait vu s'éloigner sur ce chemin de campagne, en pédalant comme un dingue sur son petit vélo sans petites roues. Il avait alors ressenti une telle fierté d'être l'auteur d'un enfant si prodigieux, jusqu'à ce 1er février 1998, où tout avait basculé. Aurélien avait alors presque 10 ans.

II

Hervé Treil

Neuf ans plus tôt

12

1er février 1998

« Regarde ! J'avais quel âge sur cette photo ?

— Cinq ans, Aurélien, j'en donnerais ma main à couper, assura Hervé à son fils. Regarde, tu portais le tee-shirt avec le petit nounours que mamie Claudine t'a offert. Tu t'en souviens, Lise ?

— Bien sûr, répliqua joyeusement l'épouse d'Hervé Treil, comme si c'était hier. J'avais accompagné maman dans la boutique et nous l'avions choisi ensemble. Ton père a raison, Aurélien, tu avais exactement 5 ans.

— Elle est morte quand mamie Claudine ?

— Deux ans plus tard, tu avais alors 7 ans.

— Et papi Gérard ?

— L'année d'après, lui répondit sa mère, l'air triste et grave.

— Ils sont morts de quoi ?

— Tous les deux d'un cancer, mon chéri.

— Moi aussi, j'aurai un cancer ?

— Mais non voyons, mon cœur, lui répondit Lise. Cette maladie ne se transmet pas.

— C'est drôle, je n'ai pas beaucoup de souvenirs d'eux, insista Aurélien. On ne les voyait pas souvent ?

— Ils habitaient loin, mon chéri. Tu les voyais peut-être deux ou trois fois par an, guère plus.

— Ah oui, je comprends, saisit d'un coup Aurélien.

— Et toi papa, ils sont aussi morts d'un cancer tes parents ? Pourquoi, je ne les ai jamais connus ? »

À cette question, Hervé détourna le regard et Lise quitta la pièce. Un silence pesant s'invita soudain au beau milieu de cette ambiance dominicale pourtant jusqu'ici des plus chaleureuses. Bien sûr, Aurélien avait senti le changement, mais tel le petit prince de Saint-Exupéry, une fois qu'il avait posé une question, il n'y renonçait jamais. Alors, il la posa une deuxième fois. Hervé tenta alors de changer de sujet. Mais le stratagème ne suffit pas à détourner la conversation. Têtu, Aurélien posa la question de nouveau, sans résultat aucun. Au bout de la quatrième fois, Hervé explosa brutalement de rage.

« C'est bon, ils sont en vie, cela te va comme réponse ? », hurla-t-il au beau milieu du salon. Au son de sa voix, les verres de l'apéritif disposés sur la table basse tremblèrent. Mais, du haut de ses 9 ans et demi, Aurélien ne se laissa pas impressionner. « Pourquoi je ne les vois pas, papa ? Ils sont où ? Je ne connais même pas leurs prénoms. »

Pour contenir la colère de son mari, Lise accourut dans le salon et enlaça Hervé. « Mon cœur, laisse papa tranquille. Tu vois bien que ce sujet le chagrine. Je t'ordonne de ne plus jamais l'importuner à ce sujet. C'est clair ? »

Aurélien fixa intensément sa mère comme pour la défier. Lise détestait quand son fils la regardait ainsi. Et bien sûr, ce n'était pas la première fois qu'il le faisait ni qu'il s'aventurait à poser des questions sur ses grands-parents paternels. Pour clôturer le sujet, Lise l'envoya dans sa chambre et pour enfoncer le clou, elle le priva de jeux vidéo pendant une semaine.

« Vous êtes pareils tous les deux ! Deux vieux lâches, deux vieux dissimulateurs ! Je vous déteste ! Je les retrouverai mes grands-parents, croyez-moi ! » Et il sortit de la maison en claquant la porte d'entrée.

À ces mots, Hervé, qui avait jusqu'à présent plus ou moins bien réussi à juguler sa colère, sortit complètement de ses gonds. Il courut derrière Aurélien pour le rattraper. En voyant son père s'approcher, le garçon s'enfuit en courant. Hervé réussit finalement à le saisir par la manche de son pull et il le traîna ainsi violemment jusqu'à la maison, puis jusqu'à sa chambre, où il l'enferma pendant une bonne partie de l'après-midi. Malgré l'insistance de Lise pour adoucir sa peine, Hervé ne leva pas la punition. Pour lui, Aurélien avait dépassé les bornes. Un point, c'était tout. Avec le temps, son fils finirait bien par se rendre compte de lui-même de cette évidence : il n'avait pas à questionner son père sur son passé, cela ne se faisait pas. Voilà bien longtemps qu'Hervé avait enfoui son secret bien à l'abri des regards indiscrets. Il le gardait précieusement caché sur son cœur, là où assurément personne ne viendrait le chercher.

13

28 août 1998

Une épaisse vapeur d'eau s'échappait par la traverse supérieure et le seuil de la porte. Adossée à un mur du couloir, Lise observait, dubitative, le phénomène. Cela faisait quarante minutes qu'Hervé était enfermé dans la salle de bains. Que trafiquait-il ? Heureusement, elle l'entendait remuer derrière la porte, au moins il n'avait pas eu de malaise ! Mais pourquoi laissait-il l'eau couler en continu ? Les yeux rivés à sa montre, elle calcula que le rendez-vous de son homme pour décrocher un nouvel emploi – un poste prometteur – avait lieu dans une heure, aussi croisa-t-elle les doigts pour qu'il ne tarde plus à sortir de la pièce. Bien sûr, elle aurait pu lui poser une question, l'appeler. Mais dès le réveil, Hervé avait affiché une humeur massacrante, aussi ne s'y aventura-t-elle pas. Avec les années, Lise avait fini par se méfier des réactions de son conjoint, aussi imprévisibles que démesurées. À force, elle était devenue craintive. Et à quoi bon s'exposer inutilement à cette hydre de colère et de frustration alors qu'elle n'aspirait qu'à la paix ? Tel était devenu son *credo* de vie et celui qu'elle répétait à l'envi à son fils les nombreuses fois où il critiquait son père.

Lise avait enfermé dans un balluchon tous les sentiments tendres qu'elle avait éprouvés par le passé pour Hervé. Elle avait serré le nœud si fort que plus rien ne transpirait. Quand il leur arrivait encore de temps en temps de faire l'amour, elle plantait son regard dans le plafond. Heureusement, les prouesses de son mari ne duraient jamais très longtemps et il finissait toujours par s'endormir très vite. Hervé ne se rendait alors plus compte de rien : ni du temps que Lise passait dans la salle de bains à se laver pour effacer toute trace de leurs ébats, ni du fait qu'elle s'endormait sur le canapé du salon. En dehors de la maison, elle simulait un enthousiasme à propos de sa relation avec Hervé à faire pâlir de jalousie toutes ses copines ! À part Virginie, une amie thérapeute, qui n'avait pas cru une minute à la supercherie, les autres avaient toutes avalé la couleuvre. Mais dès qu'elle se retrouvait seule face à sa vérité, une profonde tristesse l'envahissait jusqu'au tréfonds de son âme. Quand elle avait parlé de cette situation à son généraliste, ce dernier lui avait prescrit un anxiolytique qu'elle avait pris pendant quelques mois consciencieusement. Elle dormait mieux et surtout, derrière ce brouillard chimique, elle pensait moins. Mais ces derniers temps, elle soupçonnait son traitement de lui faire perdre la mémoire et de lui donner des airs de zombie. Elle ne le supportait plus. Sur les conseils de sa copine Virginie, elle l'avait troqué contre quelques remèdes de grands-mères. Plusieurs fois, Virginie l'avait invitée à participer à des stages de sophrologie qu'elle organisait chez elle. Mais Lise ne supportait pas la proximité avec des inconnus et encore moins de se livrer à des simagrées en groupe. Elle ne supportait d'ailleurs plus grand-chose, à part le silence de la maison qui régnait dès qu'Aurélien et Hervé s'en éloignaient.

Derrière la porte, Hervé n'avait pas bougé d'un iota. Droit comme un « i » face au miroir, il essuya d'un revers de main la buée sur le miroir et en détourna aussitôt le regard. Il ne supportait pas son reflet. Pourtant ce matin, il devait se raser ! Entretien d'embauche obligeait ! Il ne pouvait déroger à cette règle de bienséance. Que penserait Bernard Entier, le patron de Plasticar, où il se présentait, en le voyant arriver avec une barbe d'ours dans son bureau ? Certainement que cet homme n'était pas franc du collier. C'était du moins l'opinion qu'il avait de lui-même. « Cet homme se cache, cet homme se camoufle derrière sa pilosité abondante. Dieu seul sait ce qu'il dissimule, grommela-t-il tout bas. Pourquoi l'embaucher ? » Hervé se détestait depuis longtemps. Régulièrement, il lui arrivait même de donner raison à son père de ne jamais l'avoir aimé pour ce qu'il était vraiment. Il ne le méritait pas, non, il ne méritait rien : ni l'amour de sa femme, ni celui de son fils, ni rien de bon qui aurait pu lui arriver dans cette vie. « Quand on naît nul, on le reste… à vie. » Telle était la croyance d'Hervé. Étouffée sous un épais manteau de vanité, cette mauvaise estime de soi lui collait à la peau comme une mauvaise odeur qu'il tentait de camoufler à coups de fragrances coûteuses et luxueuses ainsi que de diverses étiquettes sociales qui lui donnaient de l'assurance. Cette fois-ci, impossible de faire marche arrière. Ce poste de directeur général, il le désirait ardemment. Hervé prit une grande inspiration pour se donner du courage. Et à l'expiration, il commença l'opération.

A priori, le geste avait été un peu malheureux. À peine Hervé avait-il posé la lame sur sa joue, qu'un mince filet de sang dégoulina le long de sa barbe rousse. Un mauvais présage pour la journée ! Au vu de l'entaille, Hervé regretta amèrement de ne pas avoir investi dans un rasoir électrique au lieu d'utiliser ce vieux coupe-choux qui lui servait de rasoir depuis cinq ans. Pour un rasage de près, c'était tout de même mieux ! Sans compter le feu du rasage qui lui brûlait la peau ensuite toute la journée, notamment au niveau de la mouche, non pas l'insecte, mais ce petit point de rasage situé au creux de la lèvre inférieure, qu'il n'arrivait jamais à enlever correctement. Les femmes avaient beau jeu de se plaindre sans cesse de leurs conditions. À l'évidence, elles ne se rendaient vraiment pas compte de ce que représentait le devoir quotidien du rasage tout au long d'une vie ! « J'en toucherai deux mots à Lise ce soir », pensa-t-il soudain, à la fois amusé et un brin agacé.

« Chérie !? Où as-tu rangé les pansements ? », cria-t-il très fort, comme si sa femme se trouvait à l'autre bout de la maison. Comme tous les matins, il dissimula sa roublardise derrière une apparente naïveté. Il n'était pas idiot à ce point pour ne pas avoir deviné l'inquiétude de sa femme qui le savait retranché depuis plus de quarante minutes dans la salle de bains, mais il s'en moquait. Il n'avait pas de comptes à lui rendre. N'était-ce pas lui qui depuis dix ans ramenait l'argent à la maison en se levant tous les jours à 6 heures pour faire bouillir la marmite ? La moindre remarque était vraiment malvenue. En plus, Lise, ces derniers temps, était tout juste bonne à préparer les repas. La plupart des dîners étaient brûlés et quand il rentrait tard le soir à la maison, elle n'avait même pas rangé la cuisine ! Elle comptait sur la femme de ménage, qui s'en chargeait le lendemain. Une vie comme la sienne, combien de femmes n'en avaient pas rêvé ? Heureusement qu'ils n'avaient eu ensemble qu'un seul fils, car cette pauvre Lise n'aurait jamais pu gérer la situation avec un deuxième. Pourtant, Hervé, qui avait été fils unique, aurait bien aimé avoir plusieurs enfants. Mais la nature en avait décidé autrement : Lise ne pouvait plus enfanter. Pour Aurélien, elle avait dû rester allongée durant huit mois. Le médecin leur avait assuré qu'un autre bébé risquait de lui coûter la vie. Et quant à une adoption, il n'en était pas question. Un enfant devait être la chair de sa chair. Hervé ne concevait pas que les liens entre un père et son enfant se tissent autrement que par le sang. La génétique, chez lui, c'était viscéral. Et s'il avait appris qu'Aurélien ne provenait pas de ses cellules, il aurait tôt fait de le renier. Heureusement, la question ne s'était jamais posée en ces termes : quand on voyait Aurélien, on voyait Hervé. Il était vraiment la miniature de son père. Tout le monde le disait. En revanche, ce qui était vrai sur le plan physique ne l'était pas vraiment sur le plan psychologique. Plus son enfant de sang grandissait, et moins Hervé et lui s'entendaient. Aurélien s'opposait en tout point à son père. Lors de la Coupe du monde de football, Aurélien avait soutenu en finale les Brésiliens, contre son père qui se tenait derrière les Bleus ! Et quand Emmanuel Petit avait marqué ce jour mémorable du 12 juillet 1998 un troisième but pour les Français, l'adolescent avait délaissé le salon pour s'enfermer dans sa chambre, samba à tue-tête. Dans le voisinage, on entendait des cris de liesse, les voisins étaient sortis sur la route pour crier leur joie. Bien sûr, Hervé les avait rejoints. Aurélien, lui, non. Depuis, il s'était inscrit à un cours de capoeira, au plus grand désespoir de son père, qui aurait adoré le voir pratiquer un sport plus traditionnel. Pour Hervé, le foot et le tennis, c'était tout ! Par-dessus tout, il vouait une admiration sans limites à Aimé Jacquet. Et pour cause, Hervé était né dans la même région que lui, à Palogneux, dans le département de la Loire, à une quinzaine de minutes de Sail-sous-Couzan, d'où était originaire le célèbre entraîneur. Et bien sûr, il avait suivi toute sa carrière ! Alors, cette fameuse victoire du 12 juillet, c'était forcément la sienne aussi.

14

3 février 2000

« La nouvelle économie dope le CAC 40 : l'indice de la Bourse de Paris affiche un record au-delà des six mille points, soutenu par les titres technologiques », annonça le présentateur de la chaîne d'informations en continu, Z.FM, la favorite d'Hervé. D'une voix nasillarde, le journaliste ajouta : « Avec cette conjoncture florissante, la banque centrale américaine a relevé ses taux pour prévenir les tensions inflationnistes. » Puis, il enchaîna : France. Un cas d'esclavage moderne confirmé ! Le couple des Bardet a été condamné en appel à douze mois de prison dont cinq fermes pour avoir surexploité une jeune Togolaise. »

« Il ne manquerait plus que Maria porte plainte contre nous ! », ironisa tout seul dans la cuisine Hervé, tandis qu'il avalait mécaniquement le dîner que lui avait préparé Lise, sans y prêter la moindre attention, tant il était absorbé par l'actualité. À cet instant précis, le visage de la ministre de l'Emploi et de la Solidarité s'afficha sur le petit écran. Les yeux cloués sur la télévision, Hervé commenta l'image à voix haute : « Aubry ! Quelle invention après les 35 heures ? »

Le présentateur annonça la nouvelle : « La ministre promet des réponses concrètes et des mesures immédiates aux hospitaliers. » Face à son désintérêt total pour cette question, Hervé en profita pour jeter les restes de son assiette à la poubelle. Puis en revenant à table, il ouvrit attentivement le dossier qu'il avait ramené du bureau et que Bernard Entier, son patron, lui avait demandé de traiter au plus vite pour le lendemain. Un homme bien, Bernard Entier !

Depuis près de deux ans qu'Hervé travaillait à ses côtés, il n'avait en bouche que des compliments pour le fondateur de Plasticar, qui l'avait hissé, comme ils en avaient convenu lors de son embauche, au rang de directeur général de l'entreprise. Un homme de parole, Bernard Entier, vraiment une personne sur qui on pouvait compter ! Un visionnaire ! Un chef, un vrai ! Un mec qui avait des couilles ! Ah, oui, il en avait vraiment. Partir de rien et bâtir son entreprise à la sueur de son front, il fallait tout de même oser passer de l'agriculture à la plasturgie du jour au lendemain, sans connaissance de ce domaine, autre que son caractère prospère.

Hervé entendait encore l'autre jour son patron lui confier ses tout débuts dans ce local étroit, poussiéreux et sombre dans lequel il n'hésitait pas à dormir au pied de sa première presse pour résoudre au plus vite les éventuelles difficultés qui auraient pu surgir. Il était alors seul dans l'entreprise. Oui, tout seul à introduire à la sueur de son front les granules de plastique dans les moules à injection pour les transformer en pièces variées. Il se souvenait encore de sa toute première commande : une pièce de la première essoreuse à salade en plastique ! L'objet avait eu tant de succès auprès d'un grand industriel d'ustensiles de cuisine français, que ce dernier avait commandé cent mille pièces en plus d'un coup. Bien plus que ce que Bernard pouvait produire à lui tout seul ! Grâce au bouche-à-oreille, un autre client était venu le voir et avait conclu un marché important sur cinq ans. C'est là qu'il avait embauché son premier ouvrier et investi dans une nouvelle machine. Alain, le premier à avoir été recruté dans l'entreprise, faisait désormais figure d'ancien parmi les anciens. Bernard le considérait comme son meilleur collaborateur. Et les collaborateurs, Bernard les respectait tout autant qu'il les aimait et les appréciait à leur juste valeur ! Voilà pourquoi, dans les deux entreprises qu'il dirigeait à présent, tout le monde – deux cents employés – l'adulait ! Bien plus qu'un patron, il était un père pour tous ! Et un vrai père, qui n'hésitait pas à mettre la main à la poche pour dépanner un ouvrier quand il éprouvait des difficultés à payer ses factures. Il faut l'avouer, à l'ère du CAC 40 et de la bulle Internet, c'était devenu vraiment rare ! Une exception à la règle !

« Russie : après Grozny, les Russes visent Argoun, annonça le présentateur télé. Moscou identifie un "tournant crucial" dans la guerre. À Grozny, les derniers combattants tchétchènes résistent farouchement... » À ces mots, Hervé se leva de son siège et sans plus prêter aucune attention à la petite lucarne, il l'éteignit machinalement. Le nez dans son dossier, il sortit de la cuisine tout en traînant les semelles en cuir de cerf de ses pantoufles de luxe, brodées en velours couleur saumon. Celles-là même que Lise lui avait offertes pour son dernier anniversaire et dont elle lui imposait désormais le port à chaque fois qu'il franchissait le seuil de la porte d'entrée. Les femmes d'intérieur sont ainsi faites : elles aiment édicter des petites règles futiles à leur mari de façon à leur signifier qu'à la maison, elles gardent le contrôle. Il fallait bien qu'elles soient aux commandes quelque part ! Parfois, Hervé s'auto-persuadait également que c'était exactement la raison pour laquelle les hommes s'étaient vengés en dehors de chez eux et réservaient ainsi jalousement leur terrain de façon à rester maîtres quelque part. Tout dépendait où l'historien plaçait la loupe. Cette théorie, en tous les cas pour lui, tenait la route ! La preuve, il était minuit et entre eux deux, qui était encore debout en train de travailler ? Certainement pas Lise. La pauvre sombrait dans le sommeil vers neuf heures le soir, et depuis que le Docteur Girard lui avait prescrit des pilules pour dormir, elle restait emmitouflée sous la couette bien après qu'il ne soit parti au travail. Depuis quelque temps, Hervé menait une telle cadence au travail qu'il ne croisait guère plus sa femme en chair et en os que le week-end. Pour lui parler, il l'appelait une fois à midi. Et leurs échanges de la semaine se cantonnaient à de petites conversations journalières durant lesquelles ils ne se disaient en fait pas grand-chose. Le week-end, Hervé multipliait les invitations. Bien souvent, il était si fatigué de sa semaine qu'il s'endormait après le repas sur le canapé tandis que Lise assumait les conversations avec les invités. Et quand ils s'en allaient, bien souvent, Hervé dormait toujours !

Il était minuit et quart ce soir-là, lorsqu'Hervé passa devant la chambre de son fils pour rejoindre la sienne. De sous le seuil de la porte, pointait la lumière. Sans frapper, Hervé passa une tête dans l'embrasure. Affalé sur son lit, un casque sur les oreilles, Aurélien tapotait sur le clavier de son ordinateur portable. Il releva tout juste les yeux pour saluer son père et les rabaissa aussitôt sur l'écran, trop absorbé qu'il était par sa partie d'ISS Pro Evolution, jeu qu'il avait reçu en avant-première, avant sa sortie officielle à la fin du mois. Ces derniers temps, Hervé ne savait plus comment adresser la parole à son fils. Un rien explosait en dispute. Sans compter les notes vraiment moyennes qu'il collectionnait au collège en classe de quatrième. Le mois passé, il avait ramené un 8 en maths, un petit 10 en histoire, un 9,5 en français et un 11,5 en anglais. Il n'y avait guère que le sport où Aurélien se distinguait et encore, rien de mirobolant : un petit 12 ! S'il continuait ainsi, la fin de l'année annonçait un passage très juste dans la classe supérieure, voire un redoublement. En outre, à cette toute petite moyenne s'ajoutait un problème majeur de discipline. La semaine passée, il avait frappé un de ses camarades qui l'avait insulté. Même si l'injure demandait de se défendre, elle ne méritait pourtant pas d'agresser à ce point le copain. Aurélien avait été renvoyé trois jours de l'établissement, assorti d'un avertissement s'il recommençait à se battre. Et, selon son père, il le méritait bien.

« Bonne nuit Aurélien, lança Hervé l'air pincé.

— Nuit, p'pa », lui répondit sur la pointe de la langue Aurélien qui ne quitta pas son ordinateur des yeux.

Épuisé, Hervé fila se laver les dents, enfila machinalement son pyjama. Lorsqu'il s'enfonça sous les draps de son lit, Lise avait monopolisé toute la couette. Il tira un peu dessus… mais sans succès. D'un grognement strident, Lise la ramena vers elle. Alors Hervé s'endormit ainsi, la moitié du corps découvert.

15

4 février 2000

« Nouvelle envolée pour la Bourse de Paris, en progression de 2,05 % : le CAC flirte avec les six mille trois cents points, dopé par l'annonce du taux de chômage américain, tombé de 4,1 % à 4 % », entonna le journaliste, d'une voix joyeuse et pleine d'espoir.

Hervé, lui, écoutait d'une oreille distraite ces nouvelles qu'il avait déjà entendues la veille. Les mains posées sur le volant de sa BMW noire, il alluma les feux antibrouillard. À 6 h 00, le soleil n'avait pas encore percé l'énorme couche de nuages accrochés si bas ce matin dans le ciel. Hervé conduisait prudemment. À cette heure-là, sur la D33, il n'était pas rare de croiser quelques sangliers et autres animaux sauvages. Alors prudence ! D'autant plus qu'une légère brume voilait la route par endroits. Dehors, il faisait un froid glacial, ici et là des plaques de verglas recouvraient la chaussée, notamment sur les côtés. Pour se réchauffer, Hervé avait allumé le chauffage au maximum. Cette nuit, il avait eu si froid. La prochaine, Lise ne l'aurait pas ! Une seconde couette s'imposait. Le nez humide, l'homme renifla bruyamment. Fatigué, Hervé présageait l'arrivée d'un rhume imminent et plutôt inopportun ! Bernard Entier lui avait confié l'animation ce matin du comité de direction à sa place.

C'était une première. Il ne voulait pas le décevoir. Avec un peu de chance, Gisèle, la secrétaire de direction, le dépannerait de quelques comprimés adaptés. Elle en possédait toujours quelques boîtes dans son tiroir. Et pour tenir, une dose de cheval de café devrait le maintenir en alerte jusqu'au soir.

Ces derniers temps, Bernard se reposait énormément sur lui. Quelle fierté pour Hervé ! Qu'il était bon de se sentir l'homme de confiance d'un patron si juste. Quand Hervé regardait Bernard, il avait toujours beaucoup de mal à lui donner un âge. Les années semblaient avoir glissé sur son visage sans l'atteindre. Sur sa figure, pas l'ombre d'une ride ! Ou était-ce la bonté qui irradiait de ses yeux, qui détournait l'attention des affres du temps ?

Ou encore la mémoire de l'eau dans son corps qui retranscrivait fidèlement la jeunesse de son caractère sur sa mine éblouissante ? Hervé avait regardé un documentaire avec les dernières recherches d'un grand prix Nobel sur le sujet du fabuleux pouvoir de l'eau. Depuis il se targuait que son hypothèse n'avait rien d'idiot, puisque c'était l'un des plus grands cerveaux de France qui en avait émis l'hypothèse ! Et même si ses contemporains ricanaient derrière son dos de ses théories surprenantes, il n'en restait pas moins que la science avait toujours évolué à coups d'esprits curieux et aventureux. Le conformisme n'avait jamais mené au progrès, au contraire, il conduisait à la stagnation et enfermait les hommes dans le désespoir.

En voyant les bienfaits de la bienveillance sur le visage de Bernard, ce raccourci, même grossier, s'imposait ! Pour rester jeune, mieux valait une once de bonté qu'un antirides ! Plus économique, plus écologique et plus profitable pour tous, la bienveillance prévenait à coup sûr l'oxydation des cellules ! Inutile d'en faire la preuve par de coûteuses études scientifiques randomisées, une simple constatation de bon sens suffisait !

Après vérification auprès de Gisèle, son patron avait environ 60 ans ! Hervé lui en aurait donné dix de moins au minimum.

Vingt-quatre ans les séparaient, une génération. Parfois, quand Hervé fulminait des injures à l'égard de son propre père, il se prenait alors à penser à Bernard. Il aurait tant aimé avoir un papa à son image : un homme aimant, attentionné, rassurant, capable de transformer une horde de boiteux en champions du monde. À ses débuts à Plasticar, Hervé se sentait minable. Un moins que rien !

Au dernier carrefour avant d'arriver à l'usine, Hervé jeta un coup d'œil dans le rétroviseur. Le temps que le feu rouge passe au vert, il se surprit à fixer son reflet. Et étonné, il s'auto-congratula. « Tu es formidable ! » Ce refrain, Bernard le lui avait chanté si souvent, sous différents airs, qu'Hervé y avait pris goût. Souvent le soir, avant de glisser dans le sommeil, il se le répétait en boucle, comme une douce berceuse. À l'exception des nuits où Lise accaparait la couverture, c'est ainsi qu'il avait retrouvé le sommeil des justes. Il se revoyait encore il y a quelques mois rendre à la pharmacienne ses pilules d'anxiolytique. L'apothicaire l'avait regardé bizarrement en constatant que le médicament n'avait pas expiré. « J'ai trouvé un remède naturel », lui avait-il répondu, mystérieusement. Et mentalement, il s'était répété une fois de plus : « Je suis formidable ! »

Pour lui, cette petite phrase équivalait à présent et peut-être même dépassait l'efficacité de dix mille heures passées sur le canapé d'un analyste. Inutile de fouiller les causes d'un mal-être dans le passé aux contours et aux contenus aussi subjectifs que fluctuants, suivant le regard posé dessus. Bien sûr, qu'il fallait se souvenir ! Là n'était pas la question ! Mais garder la tête dans la boue n'avait jamais servi à personne pour aller de l'avant.

Depuis qu'il avait compris qu'il ne pourrait jamais changer son passé et qu'il devait vivre avec, voire en faire une force, Hervé se sentait redevable de ce bien-être que Bernard avait su lui insuffler, sans le savoir ! Endetté même. Hors de question de lui refuser quoi que ce soit ! Rien de rien. À chaque occasion, Hervé faisait des courbettes. Et d'une certaine manière, il le payait… parfois cher, car souvent, Lise lui reprochait cette attitude, à son goût un peu grotesque, en tous les cas exagérée. L'invitation à dîner chez Bernard et sa femme Françoise pour le dernier réveillon de Noël, Lise ne l'avait toujours pas digérée. À la moindre occasion, elle brandissait cette offense comme autant d'excuses pour qu'Hervé renonce aux faveurs qu'il n'osait refuser à son patron. Hervé la trouvait bien ingrate. Comment aurait-il pu laisser Bernard et Françoise réveillonner seuls un 24 décembre, eux qui n'avaient pas eu d'enfants et qui se retrouvaient sans famille ? Après tout ce que Bernard avait fait pour lui, Lise pouvait bien partager avec le couple Entier un peu de la magie de Noël !

Hervé n'était pas près d'oublier la honte qu'il avait ressentie quelques mois plus tard ! Elle lui était restée sur le cœur. Ce soir-là d'été, Lise avait refusé de préparer le dîner pour les Entier. Quel affront il avait ressenti face à son patron et à son épouse, quand elle les avait accueillis mal habillée, pas vraiment coiffée, pratiquement sans rien à leur offrir. Heureusement, Hervé avait rattrapé le coup en emmenant tout le monde au restaurant préféré de Bernard. Comment avait-elle pu lui faire cela ? Le week-end précédent, le couple les avait invités à plonger dans leur piscine privée. Hervé et Bernard en avaient profité pour échanger quelques balles au club de tennis, pendant que les femmes avaient pris avec Aurélien leur bain de soleil de leur côté. C'est à cette occasion-là que Bernard lui avait raconté ses débuts à Plasticar. Quand Hervé avait su que son patron avait passé ses nuits à l'entrepôt qui lui servait d'usine à cette époque-là pour faire décoller son business, et que Françoise dînait tous les soirs à ses côtés, il avait alors pensé à l'égoïsme de sa femme qui jamais n'aurait permis cela s'il avait été à la place de Bernard ! Depuis, il en voulait un peu à Lise. Au fond, s'il avait autant stagné avant de rencontrer Bernard, il savait à présent à qui imputer la faute. Autant au départ, il avait quelques scrupules à la délaisser pour passer plus de temps avec Bernard, autant à présent, il s'en moquait éperdument.

Ce soir, après le Codir, il avait l'intention de rejoindre Bernard à la salle de sport. Certainement, après, ils mangeraient en ville ensemble avant de rentrer chez eux. Les Bleus jouaient ce soir contre le Real Madrid, et Aimé Jacquet serait certainement à l'écran… Hervé ne voulait rater cette occasion sous aucun prétexte. Il se réjouissait à l'avance de partager ce moment-là avec Bernard.

16

10 juillet 2005

« Te souviens-tu Françoise de ta première rencontre avec Hervé ? Il avait l'air si gauche », se rappela Bernard.

— Oui, je n'étais pas vraiment persuadée de la pertinence de ton choix de recrutement, badina Françoise. Surtout, lorsqu'en se baissant pour ramasser son crayon… Tu te rappelles ? Sa chaise avait basculé. »

Ensemble, Françoise et Bernard explosèrent de rire.

« Et le réveillon de Noël, quand il nous a invités pour la première fois chez lui et que rien n'était prêt !, rit de plus belle Bernard.

— Oui, c'est tout juste si la pauvre Lise était habillée ! Hervé était d'une humeur massacrante. Et la première fois où il a animé seul le Codir ! Il tenait un de ces rhumes ! Il avait pris le traitement de la nuit le jour et avait confondu plusieurs noms ! Heureusement que les actionnaires ne nous en ont pas tenu rigueur !

— Ne sois pas mauvaise Françoise, il s'en était très bien sorti finalement. Tu vois, j'ai de l'estime aujourd'hui pour Hervé. Sa vie n'a certainement pas dû être facile, mais il s'est accroché, et regarde, il dirige à présent Plasticar comme un chef ! J'ai toujours su qu'il y arriverait !

— Franchement Bernard, j'admire cette qualité en toi de ne jamais voir les défauts chez les autres ou du moins d'avoir cette capacité à les ignorer pour arroser uniquement les bonnes graines et les faire pousser au-delà de leur capacité. »

Songeur, Bernard marqua une pause. Pendant ce temps, Françoise en profita pour lui servir son cognac préféré. Et tout en attrapant la télécommande, elle alluma la télévision et se servit une bonne poignée d'amandes crues. Il était 20 heures et Françoise aimait se tenir au courant de l'actualité. Cependant, elle détestait dîner devant son poste. Rien de plus indigeste que les mauvaises nouvelles qui vous restaient sur l'estomac avant même d'avaler la nourriture préparée avec amour. Ce soir, le journaliste faisait encore état de cinquante-six morts dans le métro de Londres après l'attentat trois jours auparavant. Plus de sept cents blessés avaient souffert des explosions.

« Toutes ces familles entières déchirées, tu te rends compte Bernard ! Et dire que tu devais t'y rendre ! Ce n'était pas ton heure !

— Justement, lui répondit-il en sortant de sa torpeur. J'ai bien réfléchi ! S'il m'arrive quoi que ce soit, j'aimerais que tu confies la direction des deux usines à Hervé. Lui seul a la capacité à présent de les diriger. »

Touchée et émue, Françoise lui prit la main et pleine d'affection, elle posa sa tête sur son épaule.

« Hervé, c'est un peu le fils que tu aurais aimé avoir, n'est-ce pas ?

— Je ne peux rien te cacher, chérie ! »

Amoureux comme au premier jour de leur rencontre, Françoise et Bernard s'embrassèrent tendrement. Derrière son apparence coquette, Françoise n'avait pas froid aux yeux. Pour elle, nul doute que l'homme naissait nu et repartait nu. Qu'ils soient riches ou pauvres, elle savait bien que la mort traitait les hommes à égalité : au bout de leur chemin, elle les emportait tous. Et si les uns s'en allaient plus tôt, les autres les rejoignaient à coup sûr, ce n'était qu'une petite question de temps ! Aussi chaque matin, quand elle ouvrait les yeux, elle remerciait ce nouveau jour qu'il lui restait à passer à côté de son époux. Elle l'aimait tant ! Rien n'avait plus d'importance que de voir le soleil briller dans le regard de son tendre aimé. C'était là dans les yeux de son mari qu'elle contemplait la beauté de son âme immortelle, qu'elle avait toujours eu le sentiment de connaître et qu'elle se promettait de connaître à tout jamais. Où qu'il aille, elle le suivrait toujours… quand viendrait le moment. À ce moment précis, elle pria le Ciel de lui accorder une rallonge. Elle craignit soudain que son mari n'ait eu un pressentiment. Avec le temps, elle avait remarqué que les prochains mourants prévenaient souvent leurs proches discrètement au détour d'une petite phrase de leur départ programmé. La mort annonçait-elle courtoisement sa visite aux prochains inscrits sur sa liste ? Françoise sentit soudain un grand frisson la parcourir et serra en même temps la main de son mari. « Bernard, tu peux compter sur moi ! Je nommerai Hervé directeur des deux usines si par malheur, il t'arrivait quelque chose. »

Rassuré et reconnaissant, Bernard l'enlaça tendrement. Il savait que Françoise n'avait qu'une parole, et qu'elle tiendrait sa promesse coûte que coûte, quoi qu'il arrive. À l'aube de ses 65 ans, bien qu'en pleine forme, il se sentait soudain plus vulnérable et moins immortel. La semaine précédente, il s'était ainsi réveillé un matin en pensant qu'il était temps de passer à l'office notarial pour parfaire son testament. Et il y était allé. Le notaire l'avait à son tour rassuré, tout était dans l'ordre. Il connaissait Maître Lognard depuis si longtemps à présent, qu'à force, c'était un peu devenu un membre de la famille. Il avait toujours le mot pour rire. À la fin du rendez-vous, il lui avait glissé goguenard : « C'est bon, Monsieur Entier, vous pouvez partir en paix ! »

Dix jours plus tard, Maître Lognard avait bien regretté sa blague lorsqu'il avait ouvert son courrier. Un faire-part annonçait le décès de Bernard Entier, disparu dans un accident de voiture. Lorsque les secours étaient arrivés, il était déjà trop tard : son client était décédé. L'enterrement était prévu le 20 juillet.

17

20 juillet 2005

Un profond silence habitait l'Église. Assis face à l'orgue, le musicien leva les deux bras en suspension. L'espace de quelques secondes, il retint son souffle. Lorsqu'il reposa ses mains sur le clavier, les premières notes du célèbre adagio en sol mineur résonnèrent dans l'enceinte. Solennelles.

« Une mélodie soi-disant d'Albinoni », s'enorgueillit Hervé, qui avait lu quelque temps auparavant un article remettant en cause l'identité de l'auteur de cette composition musicale : un dénommé Remo Giazotto ! Selon cette hypothèse, ce passionné d'Albinoni l'avait écrite en honneur du grand maître décédé deux siècles plus tôt, mais surtout pour camoufler son mensonge. À l'époque, il avait en effet laissé croire qu'il avait retrouvé l'adagio dans les décombres de la bibliothèque de Dresde, à la fin de la Seconde Guerre mondiale, alors qu'il s'agissait en fait de son œuvre !

Au même moment, le Prêtre agita la main. Improvisés en porteurs, Hervé et ses trois coéquipiers avancèrent. La nef était pleine à craquer. Les fidèles occupaient également les bas-côtés. Sans doute l'Église comptait-elle à présent environ mille personnes, auxquelles s'ajoutaient celles qui n'avaient pas réussi à entrer et attendaient dehors, sur le parvis. Hervé progressa lentement, la tête haute et le regard droit, le long de l'allée centrale. Il suivit les conseils du Curé : « Marcher pas-à-pas pour laisser le temps aux gens de se recueillir ! » Le poids du cercueil sur son épaule allégea sa peine. De temps à autre, une larme s'échappait de ses yeux : tous ces regards plantés sur lui le comprimaient dans une camisole de pudeur. Il fallait manquer de décence, pensait-il, pour exhiber ses faiblesses face aux salariés de l'usine sous ses ordres ! Arrivés au chœur de l'Église, Hervé et ses camarades déposèrent délicatement la dernière demeure de Bernard Entier sur le catafalque. En se relevant, il contempla le Christ en bois, humble et sanguinolent, qui surplombait à présent la bière.

En se retournant pour rejoindre sa place, Hervé croisa le regard de Françoise, assise au premier rang. Adieu bienséance ! Il pleura comme un enfant. Son fils Aurélien, assis à côté de la veuve de Bernard Entier, éclata également en sanglots, et Lise suivit dans la foulée. Françoise serra Aurélien dans ses bras, tandis qu'Hervé les rejoignit. « Quelle femme forte ! », pensa-t-il soudain, en voyant Françoise l'air si digne et le visage sec, se lever pour allumer les cierges disposés autour de la dépouille de son mari. Au passage, elle déposa également quelques fleurs avant de rejoindre sa place. Un silence solennel s'installa dans l'Église.

Dix rangs en arrière, Maître Lognard ne put s'empêcher de repenser à son dernier rendez-vous avec Bernard. Derrière lui étaient installés les employés de l'usine, fermée en ce jour de grande perte pour la région. Ils étaient venus nombreux et souvent accompagnés de leurs proches. En larmes, Alain, le salarié le plus ancien, se tenait à côté de Gisèle, également en pleurs. Elle qui pensait pouvoir prendre sa retraite en même temps que Bernard… Il le lui avait toujours promis !

Alors que le Prêtre entonnait l'Ave Maria, Hervé ne put s'empêcher de remarquer un rayon de soleil poindre à travers les vitraux. Il pensa à Bernard, à sa bonté, sa bienveillance, à toute l'affection qu'il lui portait, aux derniers mots qu'il lui avait dits.

Deux heures avant son accident, ils avaient encore joué au tennis. Fair-play, Hervé l'avait laissé gagner, alors que le jeu menaçait de se terminer par un match nul. Au dernier moment, Hervé avait fait mine de rater la balle, pour le plus grand plaisir de Bernard, qui n'avait rien remarqué ! « Mon garçon vous avez joué formidablement bien ! », l'avait félicité celui qu'il considérait à présent comme son véritable mentor. Hervé avait même fini par copier les tenues vestimentaires de Bernard. À force, les clients dans l'usine les prenaient pour le père et le fils. L'un d'entre eux avait glissé à Bernard : « Vous vous ressemblez tant ! » Et quand Bernard avait répété la phrase à Hervé, il s'était senti si fier ! « Si cela continue mon petit Hervé, il ne me reste plus qu'à vous adopter ! »

Bernard avait prononcé cette phrase en plaisantant. Mais Hervé l'avait prise très au sérieux. Oui, ces quelques mots l'avaient intimement touché, au plus profond de son être et peut-être même plus intensément encore. Il avait alors repensé à son père. Et à toute la haine qu'il lui vouait. Il s'était même demandé s'il était possible de renier officiellement ses parents au profit d'êtres chers à son cœur. Bernard, plus que personne d'autre, en faisait partie. Réellement. Il s'était alors souvenu de ces petites phrases acerbes que son paternel lui avait balancées tout au long de son enfance.

« Mon garçon, si tu continues ainsi, tu ne feras rien de ta vie ! » Peu importaient les résultats qu'il obtenait, pour son père, Hervé n'était jamais à la hauteur. Le jour où il avait obtenu son diplôme d'école de commerce, son père avait balayé son succès d'un revers de main : « Tu aurais pu faire mieux. Tu pourras toujours devenir épicier… » Le jour où il lui avait présenté sa fiancée, il avait commenté. « Es-tu bien sûr de ton choix ? Cette fille-là ne ressemble à rien ! » Et le jour de la naissance d'Aurélien, il avait posé un regard méprisant sur son bébé : « Lui non plus n'ira pas bien loin ! » De rage, Hervé avait jeté son père dans le couloir. Le voyant résister pour partir, Lise, du fond de son lit de jeune accouchée, l'avait également exhorté à quitter les lieux au plus vite, tandis qu'Aurélien, terrorisé par le cri des adultes, hurlait lui aussi. Heureusement, la mère d'Hervé avait attrapé son mari par le bras pour l'entraîner dehors avec elle. « C'est la dernière fois que vous me voyez ! », avait beuglé son père derrière la porte de la chambre qu'Hervé avait pris soin de refermer derrière lui. Un scandale ! Tous les bébés de l'étage s'étaient mis à pleurer de concert, au grand dam des infirmières et des sages-femmes, qui couraient un peu partout pour s'assurer que l'intrus ne revienne plus. Hervé en tremblait encore. En voyant la pâleur de son visage, une infirmière lui avait proposé de prendre sa tension, de crainte qu'il ne fasse un malaise. Le tensiomètre avait affiché un beau 20/12, un chiffre anormal lié au contexte. Heureusement, la constante était redescendue à 14/9 une heure plus tard. Lise avait encore maudit de longues heures durant son beau-père, qui avait réveillé Aurélien en partant.

Effectivement, le père d'Hervé, brillant ingénieur de formation, avait tenu parole : il n'avait plus donné signe de vie, sa mère non plus, ce qui n'avait pas étonné outre mesure Hervé. Elle craignait tant son mari qu'elle n'avait jamais été capable de soutenir son fils face à lui. Alors, bien sûr, il n'avait rien attendu de sa part ; en revanche, il lui en avait voulu de ne pas prendre de nouvelles de son petit-fils. Mais voilà, au bout d'un an de ce silence radio, Hervé avait reçu un coup de téléphone de l'un des amis de son père qui le cherchait. Cet homme, un dénommé Maurice, ancien collègue de promotion du père, s'inquiétait. La ligne de téléphone des parents d'Hervé était coupée. Les courriers que Maurice leur avait envoyés lui avaient été systématiquement retournés. Et quand il s'était déplacé pour visiter ses deux amis, un étranger lui avait ouvert la porte : les nouveaux locataires habitaient les lieux depuis six mois maintenant, et ils n'avaient jamais rencontré les anciens occupants de la maison. Maurice avait alors eu l'idée de contacter Hervé pour obtenir les nouvelles coordonnées de ses parents, car disait-il, il avait une information de la plus haute importance à communiquer à son père... Et il n'avait pas voulu en dire plus.

Hervé avait eu beau faire des recherches sur Internet, son père et sa mère restaient introuvables ! Et quand il s'était rendu à la gendarmerie pour signaler leur disparition, l'officier lui avait répondu que si ses parents avaient voulu partir sans laisser de traces, tel était le droit de toute personne majeure en France. Les gendarmes ne pouvaient donc intervenir pour les retrouver. Sous le choc, Hervé se sentait aussi sidéré que s'il avait dû enterrer son père et sa mère en même temps. Pire encore. Ne sachant où ils se trouvaient, il ne pouvait pas en faire le deuil. Il avait alors décidé d'engager un détective privé pour les retrouver. Mais la démarche ne s'était pas avérée fructueuse. Loin de là ! Cela faisait à présent plus de quinze ans qu'Hervé, fils unique, n'avait plus jamais eu de nouvelles ni de son père ni de sa mère. Pourtant l'un et l'autre étaient toujours bien en vie. Trois à quatre fois par an, Hervé réclamait des actes d'état civil de ses parents dans leur mairie de naissance. Les actes de décès étaient inexistants. Quand un jour, au détour d'une conversation, Bernard lui avait posé une question sur ses parents et notamment sur sa mère, Hervé avait blêmi. Et sentant le malaise, il n'avait pas insisté. Hervé s'en était sorti en détournant la conversation et sentant le sujet houleux, Bernard n'était jamais revenu à la charge. Il avait ce soir-là échangé longuement avec son épouse sur le passé obscur de son poulain. Plusieurs fois, il s'était demandé comment l'aider. Malgré les différentes couches qu'Hervé utilisait pour la camoufler, sa peine ressortait comme le nez sur un visage.

« Très chers frères et sœurs, entama le Curé. Nous allons entendre aujourd'hui quelques paroles de Job, cet homme si profondément éprouvé, qui avait tout perdu ! Mais dans son malheur, lui restent la Foi et l'Espérance... Asseyez-vous ! » Alors qu'un énorme vacarme de chaises et de bancs résonnait dans l'Église, le Curé ouvrit sa Bible. Et une fois le silence revenu, il lut : « En ces jours-là, Job prit la parole et dit : “Je voudrais qu’on écrive ce que je vais dire, que mes paroles soient gravées dans le bronze avec le ciseau de fer et le poinçon, qu’elles soient sculptées dans le roc pour toujours : je sais, moi, que mon libérateur est vivant, et qu’à la fin il se dressera sur la poussière des morts ; avec mon corps, je me tiendrai debout, et de mes yeux de chair, je verrai Dieu. Moi-même, je le verrai, et quand mes yeux le regarderont, il ne se détournera pas.” Levez-vous », suggéra le Prêtre. À nouveau, un bruit épouvantable se fit entendre… Par la suite, le Curé invita les proches de Bernard à prendre la parole. Hervé se leva.

Il avait préparé son texte la veille. L’élaboration en avait été douloureuse et pénible. Plusieurs fois, il avait jeté sa copie à la poubelle puis réécrit, remanié et rayé le texte pour le recommencer. Il était 3 heures du matin lorsqu’il avait terminé. Par fatigue. Il n’était pas sûr de lui. Il avait peur même ! Alors, lorsqu’il s’approcha du micro, ses mains tremblaient. Le souffle court, il se lança… hésitant. « Bernard, Françoise, au nom de tous les collaborateurs de Berneval et de Plasticar, je voulais vous dire à quel point, nous vous aimons ! Oui, vous nous êtes si chers. Et vous, Bernard, je voulais vous dire à quel point vous allez nous manquer ! Vous incarniez un véritable modèle pour nous tous ! » À ces mots, Hervé se surprit à éclater de nouveau en larmes. Une fois de plus, son regard croisa celui de Françoise… Jamais le Curé n’avait vu autant d’yeux humides dans l’assistance. De l’estrade, il vit les mouchoirs blancs se répandre de plus en plus sur les visages, comme autant de petites colombes épongeant les larmes de l’amour. Françoise se cachait à présent dans l’un d’eux. Une immense tristesse s’abattit d’un coup sur toute l’Église et au-delà de son enceinte.

Au-dessus du clocher, un essaim de corbeaux s’éleva dans le ciel obscurci à nouveau par d’épais nuages. Seul leur chant sinistre animait ce coin de ville. Après leur envol, un lourd silence tomba sur la campagne. Une heure plus tard, il ferait nuit, et Bernard passerait ses premières heures sous terre. À cette pensée, Hervé frissonna de tout son corps, un long froid lui glaça le sang… Il ne souhaitait qu'une chose à présent : s'anesthésier de travail. Oublier, oui, tout oublier une bonne fois pour toutes ! Il serait une bête de travail ou il ne serait plus, au nom de Bernard et de tout l'amour qu'il lui portait !

18

1er août 2006

« Guillaume, impossible de te laisser dans cet état ! J'appelle un médecin ! », s'inquiéta Alain.

— Je vous en supplie, chef, le faites pas. J'ai pas de mutuelle, je n'aurais pas les moyens de le payer.

— Je t'avance les frais.

— Ça va aller, je vous le promets », insista Guillaume.

Pris de panique, Alain dégaina son téléphone pour appeler S.O.S Médecins. En plus de trembler, Guillaume suait à grosses gouttes. Mais surtout, le jeune homme était livide et semblait sans force pour se relever du sol, où il était tombé. Pour démontrer à Alain qu'il se trompait, il tenta à plusieurs reprises de s'asseoir et finalement, il y parvint. « Vous voyez Alain, je vais mieux. C'est juste un coup de fatigue. Je me connais, ça va passer. »

À moitié rassuré, Alain rangea son téléphone dans sa poche et surtout ordonna à Guillaume d'aller s'allonger à l'infirmerie. Il attrapa le jeune à l'arrière sous les bras pour l'aider à se relever. Guillaume s'appuya alors sur Alain pour marcher. Tant bien que mal, tous deux arrivèrent à l'infirmerie.

Malheureusement, Gisèle avait fermé le local à clé avant de partir du bureau. Et à cette heure-là, 22 h 30, Alain hésitait un peu à la déranger. Mais en voyant le visage de plus en plus livide de Guillaume, il se ravisa aussitôt. Par chance, Gisèle répondit immédiatement :

« Laisse-moi deviner, Alain ! Ça recommence ? Tu m'appelles pour savoir où se trouvent les clés de l'infirmerie ?

— Décidément, je ne peux rien te cacher !

— Ouvre mon bureau ! Premier tiroir en haut à droite. À qui le tour, cette fois ?

— Guillaume, tu sais le petit dernier que nous avons recruté, il y a six mois !

— Ah, oui ! Je vois très bien. À son âge, quand même, cela devient vraiment très préoccupant.

— Oui, si cela ne te dérange pas, Gisèle, on s'en reparle demain, sans faute. Il faut vraiment accélérer le mouvement. »

Alain trouva les clés immédiatement, ouvrit la porte de l'infirmerie et installa Guillaume sur le lit. « Du grand n'importe quoi », pensa-t-il soudain. Du temps de Bernard Entier, jamais il n'y avait eu ce genre d'incidents. L'infirmerie restait toujours vide. En trente ans d'existence, elle n'avait dû servir que trois fois, et encore, pour pratiquement rien. Mais depuis le changement de direction, un an auparavant, elle ne désemplissait plus. Le mois passé, trois employés avaient eu un malaise, celui d'avant, cinq, encore avant, quatre. Mais le pire des records avait été atteint au mois d'avril : dix en tout ! Et Gisèle avait appelé le SAMU quatre fois en six mois. Et c'était à présent au tour de Guillaume ! Comment un jeune de 19 ans pouvait-il se retrouver vidé de toute son énergie en l'espace à peine d'un semestre ? À son arrivée dans l'entreprise, Guillaume était joyeux, motivé, il aurait fait n'importe quoi pour qu'on lui renouvelle son CDD et obtenir un CDI. Au fil du temps,

Alain avait vu sa mine se flétrir, sa motivation décroître. S'il n'était pas obligé d'aider sa mère à payer le loyer, pas sûr qu'il resterait à l'usine avec eux ! À plusieurs reprises, Hervé Treil avait humilié le gamin en public. La semaine passée, et alors que Guillaume donnait le meilleur de lui-même, Hervé avait injustement crié sur lui : « Et sors-toi une bonne fois pour toutes les doigts du cul ! Des jeunes comme toi, je peux en recruter dès demain par centaines ! Et cela vaut avertissement ! » Guillaume s'était alors accroché… jusqu'à l'évanouissement.

Il n'était pas le seul à souffrir ainsi. Avant lui, Henri, à bout, avait démissionné. En un an, le taux d'absentéisme de l'entreprise, presque nul du temps de Bernard, avait quintuplé pour dépasser la moyenne du pays de 4,55 %. Cela aussi, c'était du jamais vu. Plusieurs fois, Alain avait pensé à alarmer le médecin du travail, mais, par respect pour Françoise, la veuve de Bernard, il n'avait pas osé passer à l'action. La pauvre femme avait déjà fait preuve d'un courage immense pour sauvegarder l'entreprise. Alain ne souhaitait pas lui compliquer davantage la tâche. Sans elle, tout le personnel de Plasticar et Berneval aurait déjà pointé au chômage depuis longtemps.

Il aurait aimé évoquer avec elle les problèmes de management créés par le poulain de Bernard. Mais, il ne savait pas comment s'y prendre. De son vivant, Bernard appréciait tant Hervé ! Qu'il le considérait un peu comme son propre fils, n'était un secret pour personne au sein de l'entreprise. Françoise devait sans doute l'estimer tout autant, puisqu'elle l'avait nommé directeur des deux sites, à peine une semaine après le décès de feu son mari. Critiquer ce « fils prodige » comportait dès lors des risques qu'Alain n'était pas encore tout à fait prêt à assumer.

Il ne restait plus qu'à endurer la situation. Françoise Entier n'était pas non plus une femme que l'on pouvait duper longtemps. Elle finirait bien par se rendre compte d'elle-même de la situation. Gisèle, qui n'était plus qu'à quelques mois de la retraite, ne ratait jamais une occasion de piquer sa curiosité. Dès qu'elle le pouvait, elle lui confiait les problèmes rencontrés avec les salariés. Et ils étaient nombreux.

Au mois de juin, elle avait profité d'une des visites régulières de Françoise dans l'entreprise pour pointer du doigt l'évanouissement de Madeleine dans les locaux. « Vous vous rendez compte, Françoise ? Un arrêt cardiaque ! Madeleine aurait pu y passer ! » En apprenant la nouvelle, Françoise avait blêmi. Et elle avait remercié infiniment Gisèle de l'information. Qu'avait donc Hervé dans la tête ? Il ne lui en avait pas soufflé un mot ! La veuve en avait-elle pour autant tiré des conclusions ? Gisèle n'en était pas sûre. Mais Françoise ne pouvait pas rester dans l'ignorance. Au regard de la loi, elle et Hervé Treil étaient responsables des bonnes conditions de travail dans la société. Trop, c'était trop. Si personne ne bougeait, Plasticar aurait bientôt un mort sur la conscience. De cela, Alain et Gisèle, qui échangeaient souvent leurs inquiétudes dans le cadre de leurs responsabilités de représentants du personnel en étaient persuadés. Il fallait agir, et vite !

Tous deux étaient intimement convaincus que la dégradation de la situation dans l'entreprise ne tenait qu'au mode de management d'Hervé Treil, mais surtout, selon Gisèle, à ce sentiment qui habitait le nouveau patron de devoir quelque chose à Bernard… Un peu comme s'il voulait encore lui prouver qu'il pouvait être fier de lui. À plusieurs reprises, Gisèle avait, à travers la très fine cloison qui les séparait, entendu Hervé parler à Bernard. Et cet immense portrait du fondateur de l'entreprise qu'il avait accroché au lendemain de sa mort, juste en face de son bureau, n'arrangeait rien à ce culte patronal.

« Tu vas voir, Bernard, les petits gars aujourd'hui vont se sortir les doigts du cul comme jamais ! » Tel était le refrain qu'Hervé répétait depuis lors tous les jours à feu son patron en s'installant face à lui. Et du matin au soir, il pressait le jus de ses employés jusqu'à les épuiser totalement. Ce stress permanent, tout le monde en souffrait. Très contagieux, il se répandait comme une pandémie de grippe en plein hiver. Et même Alain, le plus zen d'entre tous, n'y avait pas échappé.

Alors qu'il avait toujours dormi du sommeil du juste, le plus ancien employé de Plasticar ne dormait plus qu'en pointillé. Plusieurs fois par nuit, il se réveillait. Et souvent, il n'arrivait plus à se rendormir du tout. Depuis lors, il souffrait de lombalgie. Signe qu'il en avait plein le dos ? Alain en était convaincu.

Idem pour Gisèle. Du temps de Bernard, jamais elle n'avait souffert d'insomnie, mais sous la direction d'Hervé, elle se réveillait la nuit et il lui était impossible de refermer l'œil jusqu'au matin, tant elle ressassait la somme de travail colossale qui l'attendait le lendemain au bureau et qui lui semblait au-dessus de ses forces. Elle qui détestait prendre des médicaments s'était résolue, sur l'injonction de son généraliste, à avaler un petit quelque chose pour dormir. Et si cela continuait, elle finirait par s'inscrire à un cours de yoga ou de sophrologie pour apprendre à mieux gérer son stress. À près de 60 ans, elle trouvait cela un peu bête. Mais Gisèle comptait bien terminer sa carrière en beauté, et non à l'hôpital comme cette pauvre Madeleine.

III

Aurélien

19

1er septembre 2006

« Bonsoir Madame, bonsoir Messieurs, vous avez réservé ?, questionna le serveur, presque sans relever la tête de son carnet de commandes.

— Oui, Hervé Treil, pour 20 heures.

— Ouf, où avais-je la tête ?, reprit le serveur, sur un ton un brin efféminé. Monsieur Treil. Excusez-moi, j'étais dans mes histoires de fleurs. Je ne vous avais pas reconnu. Veuillez m'excuser, je suis confus ! Je vous ai gardé notre meilleure table, la petite ronde au fond de la salle, vous y serez très à l'aise ! Je crois que vous fêtez ce soir un événement particulier.

— Oui, l'anniversaire de mon fils : 18 ans, répondit sèchement Hervé.

— Oh félicitations, reprit le serveur en s'adressant à Aurélien. Mais regardez-le ! Qu'il a grandi ! Un vrai jeune homme à présent. Et si beau, en plus ! Tu dois faire des ravages ! Et dire que la première fois que je t'ai connu, tu avais à peine 6 ans. Comme le temps passe : j'en ai le vertige !

— Merci Monsieur, lui répondit du bout de la langue Aurélien, les joues écarlates et le regard tourné vers le sol.

— Oh qu'il est timide ! Allez ! Je vais vous placer ! Suivez-moi. Vous verrez cet emplacement, juste à côté des rideaux à fleurs, va vous ravir. »

Alors que la famille Treil lui emboîtait le pas, Hervé glissa à l'oreille de sa femme : « Avec le temps, il ne s'arrange pas. Un peu limite cet accueil, tu ne trouves pas, pour un étoilé Michelin ? » Et hilare, il lui chuchota très peu discrètement à l'oreille : « Ouh qu'il est timide ! » Honteuse, Lise lui donna un léger coup de coude. Craignant que le serveur ait tout entendu, Aurélien regarda, furieux, son père. Et une fois à table, il lui balança sans retenue :

« C'est une façon en tous les cas bien plus élégante de parler que de répéter à n'importe quelle heure du jour et de la nuit "Sortez-vous les doigts du cul !" !

— Je ne comprends pas, lui répondit son père.

— Moi si, rétorqua Aurélien, d'un air entendu.

— Et bien, c'est le principal !

— S'il vous plaît, coupa Lise, vous n'allez pas vous disputer encore ce soir ! Nous sommes là pour passer un moment joyeux ! Aurélien, tu n'as pas tous les jours 18 ans. Crois-moi, cela se fête !

— Tu peux transmettre le même message à ton cher et tendre !, lui répondit son fils du tac au tac.

— Ça suffit Aurélien !, le recadra Lise, sur les nerfs. Je te défends de nous parler sur ce ton. Pour qui te prends-tu ?

— Pour ce que vous n'êtes pas, surenchérit Aurélien. Une personne polie et bien élevée et on se demande par qui ! »

Et alors que le ton montait à table, le serveur s'approcha à nouveau l'air réjoui.

« Voici vos petites cartes. Ce soir, nous vous recommandons le turbot aux algues, beurre aux zestes de citron, pousse-pied et crevettes grises façon dieppoise. Vous avez aussi l'os à moelle, l'un parfumé de poivre noir et grillé en coque, l'autre farci d'un ragoût de petits pois. Vous avez une préférence ? »

Sentant l'indécision de chacun, il ajouta tout en s'éloignant : « Prenez votre temps, je vous laisse réfléchir !

— C'est cela ! », ironisa Hervé tout en répétant sur un ton grotesque la phrase que ce dernier venait de prononcer. « Os à moelle, parfumé de poivre… et l'autre… Il ferait mieux de se le garder là où je pense, son os… !

— Dans le cul ! », reprit Aurélien, méprisant.

« Au fait, chéri. As-tu eu des nouvelles de Françoise ces derniers jours ? » Lise tenta le tout pour le tout afin de détourner la conversation et de calmer les tensions.

« Bien essayé, maman… Mais que vient faire Françoise dans cette conversation ?

— Ah tiens, revoilà ton petit protégé, annonça Hervé à son fils. J'espère que tu as fait ton choix ?

— Oui, l'os à moelle !

— Très drôle !

— Madame, Messieurs, vous avez fait votre choix ?

— Oui ! L'os à la moelle, répondit sans hésiter Aurélien.

— Hum excellent choix ! Et un os à moelle, répéta-t-il, comme si l'os emplissait déjà sa bouche. Et vous chère Madame ?

— Je vais prendre un truffé de veau avec sa sauce mentholée.

— Très bien. Et vous, cher Monsieur Treil ? Comment pourrions-nous régaler vos délicates papilles ?

— Contentez-vous de me servir un gigot d'agneau. Cela suffit amplement, répliqua-t-il d'un ton agacé et lourd de sous-entendus.

— Et un gigot d'agneau. C'est parti… Et pour accompagner vos plats, j'appelle le sommelier, dit-il à nouveau en s'éloignant.

— Eh bien, espérons, que ce dernier ne sorte pas de la même boîte à tantouses que son collègue. Non, mais Lise, tu l'as entendu ? Eh bien Aurélien, ne t'avise pas de suivre le même cursus ! Ton parcours scolaire est déjà désastreux, il ne manquerait plus que ça ! »

Aurélien ne répondit pas. Au fond de lui, il fulminait. Furieux. Furibond. Il n'avait qu'une envie : se lever, quitter la table. S'éloigner de ses parents, qu'il ne supportait plus. Son père, en particulier, et sa mère qu'il classait dans la même catégorie de personnes en qui il ne pouvait pas avoir confiance. Ce soir, il avait honte. Spécialement de son père. Comment pouvait-on au XXIe siècle se montrer encore si homophobe ? Un non-sens ! Particulièrement ce soir-là, il aurait préféré ne jamais avoir vu le jour. Alors, il se tut. À quoi bon ? De toute façon, ils – son père et sa mère – ne comprenaient rien ! Ils ne l'avaient jamais compris. Seul comptait leur petit bonheur bourgeois, qui ne les rendait – Aurélien n'était pas dupe – de toute façon pas vraiment heureux. Il se fit la promesse de ne jamais leur ressembler ! Malgré son amour pour eux, ce soir-là, il les détestait. Comment pouvaient-ils manquer à ce point de sensibilité ? Mieux valait en finir une bonne fois pour toutes que d'avoir à passer le restant de ses jours à se détester dans le miroir d'une glace. En soufflant les bougies de ses 18 ans, il se promit en silence de ne jamais en souffler une de plus.

20

18 décembre 2006

« Bonsoir M'man !

— Bonsoir Aurélien !

— J'ai laissé mon bulletin de notes sur le bureau de papa. Ce soir, je dors chez Franck. Bonne soirée maman ! »

Le jeune homme sortit aussitôt en claquant la porte, sans attendre la réponse de sa mère. Une fois dehors, il culpabilisa un peu. Cette affection qu'il avait éprouvée petit pour sa maman, il ne la ressentait plus. Peut-être se cachait-elle encore dans les profondeurs de son âme, certainement bien enfouie dans le tréfonds. Était-ce sa faute si Lise, trop absorbée dans ses sudokus et autres jeux ne lui prêtait guère attention ? Aussi insipide qu'une tomate issue de l'agriculture pétrochimique, cette mère lui paraissait sans personnalité, voire toxique… Il lui en voulait : non pas d'être coupable de cette perte certaine vers laquelle son père les menait, mais de son silence complice. Souvent, il se répétait qu'elle n'était plus sa mère !

Quant à son père, il avait beau jeu de courir après un absolu illusoire. Pour Aurélien, il n'était nul besoin d'être né devin pour connaître la fin de cette histoire sans issue, aux fonds aussi troubles qu'un fleuve pollué. Trop de stress bloquait les canaux.

À force, l'eau stagnait et au bout de la route, la maladie guettait. C'était une certitude. En secret, Aurélien se passionnait pour les médecines traditionnelles. Dès qu'il avait un peu de temps, il dévorait des livres sur ces sujets : acupuncture, ayurvéda, médecine chinoise, homéopathie, biorésonance... Mais son vrai rêve était de devenir médecin holistique, d'un nouveau genre, capable d'embrasser à la fois l'allopathie et tous les bienfaits qu'elle avait apportés à l'homme, ainsi que les connaissances d'autres cultures plus traditionnelles. Voilà, mais ce n'était qu'un rêve illusoire... Aurélien se sentait nul. Ses résultats scolaires l'attestaient de toute façon noir sur blanc. Et puis avec un 7 en maths, il ne se faisait aucune illusion : adieu la fac de médecine. Quand bien même, Aurélien ne voyait pas bien l'intérêt des maths pour guérir un malade, c'était un préalable requis. Ce rêve lui semblait d'ailleurs aussi illusoire que celui de son père, de vouloir prouver à Bernard Entier, qui séjournait à présent dans l'au-delà, qu'il avait eu raison de lui faire confiance, Dieu seul savait pour quelle raison obscure.

Sans compter les dégâts que son stress causait sur les deux cent cinq employés de Plasticar ! Soit Hervé Treil terminait avec une bonne crise cardiaque, soit la famille Treil explosait. Après tout, même si sa mère défendait toujours son mari, elle n'était pas heureuse avec lui. De cela, Aurélien en était convaincu. Du matin au soir, Hervé et Lise ne se croisaient guère que par conversation téléphonique interposée. Combien de temps sa mère allait-elle encore supporter cette vie de couple qui n'en était pas une ? Et les Treil ne seraient ni les premiers ni les derniers à divorcer.

Dans sa classe de terminale, Aurélien faisait figure d'exception à la règle. Sur trente élèves, vingt vivaient avec des parents séparés. Lorsque ses copains lui demandaient à quoi ressemblait une vie avec deux parents sous le même toit, le jeune se sentait souvent appartenir à une catégorie de gens hors normes, un tantinet bizarres ou du moins d'un autre temps. Quand un jour en cours de français, Manon lui avait envié sa situation familiale, il avait préféré se taire. « Ma pauvre, si tu savais ! », avait-il pensé en silence.

« C'est vrai que ton père, traite super mal ses employés ?, l'avait-elle questionné.

— Pourquoi tu dis cela ?

— Non, je ne sais pas, c'est ce qui se dit ! »

Dans la classe d'Aurélien, pas moins de cinq de ses camarades avaient un parent employé chez son père. Manon, elle, n'en faisait pas partie, mais ses propos lui parurent aussi hypocrites que déplacés. Tout le monde connaissait le surnom d'Aurélien dans le lycée : « Trouduc-fils » ! La preuve, la jeune fille se trouvait à ses côtés la première fois où Pierre, un garçon de sa classe, l'avait insulté de la sorte. Aurélien, furieux, avait bondi sur lui. Si un surveillant ne les avait pas séparés, Aurélien aurait pu étrangler Pierre sur place, tant la colère le rongeait. Lorsque les deux garçons avaient été convoqués dans le bureau du proviseur, ils s'étaient tus. Comme le surveillant n'avait assisté qu'à la dernière partie de la bagarre, il n'avait pas entendu Pierre provoquer Aurélien et Pierre n'avait pas été puni. La responsabilité était retombée entièrement sur les épaules d'Aurélien. Et bien sûr, les deux heures de retenue, mais surtout l'avertissement reçu, n'avaient pas été du goût de son père, qui n'avait rien voulu savoir de la raison de cette dispute. « Mon père avait raison, tu n'es qu'un vaurien ! », lui avait-il dit d'un ton méprisant et sans contrôle.

Aurélien s'était enfermé à double tour dans sa chambre. Son père tambourinait à la porte pour qu'il l'ouvre, mais le garçon avait mis son casque sur les oreilles et écoutait le rap tonitruant de Fatal Bazooka… « Fous ta cagoule » ! Au moins, il était certain de ne pas entendre son père. Durant plusieurs heures, il avait repensé à cette phrase « Mon père avait raison »… non pas parce que la phrase l'avait blessé, mais surtout parce que c'était la première fois que son père lui parlait délibérément de son grand-père, sans qu'il n'ait eu à poser la moindre question. Et cela, l'intriguait plus que tout.

Aurélien avait-il donc rencontré son grand-père une fois dans sa vie ? Il n'en gardait aucun souvenir. Le garçon avait eu beau fouiller dans toute la maison, et notamment dans les affaires de son père, il n'avait rien retrouvé de ses grands-parents. Aucune photo. Aucun courrier. Rien. Et s'il avait réussi à connaître leurs prénoms, c'était juste parce qu'Aurélien avait réussi à dérober au nez et à la barbe de son père, son livret de famille. Impossible d'oublier les battements de son cœur, lorsqu'il avait lu leur identité écrite enfin noir sur blanc. « Claude Treil et Lucette, épouse Treil, née Girard », tous deux originaires du département de la Loire, d'un village dont il n'avait jamais entendu parler. Bien sûr, Aurélien s'était empressé de chercher leur nom sur Internet, ainsi que celui du village, mais sans résultat aucun.

Nés respectivement en 1939 et 1941, Claude et Lucette ne faisaient *a priori* visiblement pas partie de ces seniors modernes qui passaient du temps en ligne. Mais un autre signe avait intrigué Aurélien : ils ne figuraient pas davantage dans les Pages Blanches de l'annuaire. Et Aurélien ne comprenait pas pourquoi régulièrement, son père réclamait des actes de décès de ses parents, alors qu'il lui avait assuré qu'ils étaient encore en vie. Le mois dernier, Aurélien avait encore retrouvé sur le bureau de son père un extrait d'acte de naissance, montrant qu'ils étaient toujours vivants.

Souvent la nuit, Aurélien se réveillait en sueur… Une à deux fois par mois, le même cauchemar se répétait. Agglutiné dans un immense stade rempli de milliers de personnes, il attendait son tour. Le plus angoissant était qu'il ne savait pas pourquoi il devait patienter ni faire la queue. Quand son tour arrivait, un officier lui hurlait dessus : « Livret de famille ! »

Aurélien lui tendait alors le document.

« Votre père est né orphelin ?

— Mais, non, ses parents s'appellent Claude et Lucette Treil.

— Vous vous moquez de moi », lui répondait à chaque fois l'officier, en lui montrant la page de filiation.

Quand Aurélien regardait le livret de famille, le nom de ses grands-parents n'y figurait plus. Il s'était effacé comme par enchantement. « Vous n'avez pas le droit d'exister mon garçon. File de gauche ! », lui répondait alors systématiquement l'officier, tandis qu'un de ses collègues pointait déjà un fusil sur lui. La fin du cauchemar possédait plusieurs options. Soit Aurélien arrivait à s'échapper du stade. Soit il entrait dans le hangar avec les autres qui, comme lui, n'avaient pas le droit d'exister. Et là, une machine les broyait tous en mille morceaux… et ensuite Aurélien se réveillait, tout tremblant. Ce rêve des plus pénibles, il le subissait depuis ses 11 ans. À part à Franck, son meilleur ami, il n'en avait parlé à personne d'autre. Mais Franck, c'était spécial. Il pouvait tout lui confier. La première fois qu'il s'était confié à lui, c'était une nuit, dans sa chambre. Régulièrement, les deux garçons dormaient ensemble ou plutôt, ils s'allongeaient l'un à côté de l'autre et discutaient ainsi jusqu'à pas d'heure. Souvent, ils refaisaient le monde. Fils d'ouvrier, Franck rêvait d'une société plus égalitaire, où chacun n'aurait à travailler que trois à quatre heures par jour, pour le bien-être de la collectivité. Le reste du temps serait dédié à la passion de chacun, à la famille et aux amis.

« Imagine Aurélien ! Il n'y aurait pas d'argent ! Chacun mangerait à sa faim, chacun aurait un toit ! Chaque enfant aurait droit à une éducation respectueuse de son individualité et de ses besoins. Il n'y aurait plus ni punition, ni prison, ni jugement. Mais seulement un monde de coopération et de bienveillance.

— Un monde de bisounours, riait alors Aurélien.

— Évidemment, toi dans ta famille de bourges, vous ne savez pas ce que signifie compter les euros à la fin du mois ! »

Franck vivait seul avec sa mère et Guillaume, son grand frère, depuis qu'il avait 5 ans. Ces derniers temps, sa maman était tombée malade, et comme depuis des années, elle vivotait avec des contrats précaires, elle n'avait eu le droit à aucune prise en charge, car selon la Sécurité sociale, ses cotisations n'avaient pas été suffisantes pour toucher des indemnités maladie. Le grand frère de Franck, Guillaume, de deux ans son aîné, avait décidé d'arrêter ses études pour travailler et venir en aide à sa famille. Et c'est ainsi qu'il avait été recruté par le père d'Aurélien. Il faut dire que dans la région, Plasticar faisait figure de vivier le plus important en matière d'emplois.

Aurélien ne s'en était jamais vanté à Franck, mais quand il avait su que sa famille risquait de se retrouver à la rue, il avait oublié sa fierté pour demander une faveur à son père. Une fois n'était pas coutume, Hervé avait écouté Aurélien, car il avait recruté Guillaume. Si Aurélien avait gardé ce secret pour lui, c'était juste pour éviter de mettre son amitié avec Franck en péril. En dépit de l'animosité des uns et des autres au lycée, Franck avait été, avec Manon, l'un des seuls à ne pas lui tourner le dos et à continuer à s'asseoir à côté de lui en cours. Et cette générosité, Aurélien n'était pas prêt de l'oublier.

La première fois qu'il avait été invité chez Franck, au printemps 2005, Aurélien s'était senti un peu gauche. Il se rappelait très bien quand il était entré dans la cage d'escalier du HLM où son ami et sa famille habitaient. Il avait déjà aperçu au loin ces cités de banlieue, mais jamais encore il n'était entré dans l'une d'elles. Quand il repensait à cette première invitation, il sentait encore l'odeur de nourriture d'origine des quatre coins du monde, qui imprégnait chaque étage ; il entendait encore les hurlements stridents des bébés traverser les cloisons, les berceuses dans des langues inconnues chantonnées par leurs mères, souvent éreintées, et le son du rap s'échapper par les fenêtres. Il revoyait encore les ados qui traînaient dans les cages d'escalier, et les tags qu'ils avaient peints secrètement sur les murs.

La mère de Franck avait cuisiné pour lui un poulet avec des frites. Ils avaient bu du coca pendant tout le repas. Guillaume avait mis Fatal Bazooka, et à la fin du repas, ils avaient tous dansé. Cela lui avait fait tout drôle de comprendre que dans cette famille et malgré le peu de moyens qu'ils possédaient, il était possible de vivre en riant. Chez Aurélien, on entendait une mouche voler. Depuis lors, il s'était promis d'embrasser cette classe sociale à bras-le-corps. Il deviendrait également ouvrier. Quand, un soir, il avait confié ce désir à son père, il lui avait répondu méprisant : « C'est sûr qu'avec tes notes, tu ne pourras aspirer à guère mieux ! »

Depuis deux ans, le niveau scolaire d'Aurélien avait chuté brutalement. Jusqu'alors élève moyen, il était devenu médiocre, voire sans espoirs : 7 de moyenne générale… Il avait redoublé sa première et était passé en terminale de justesse. Son dernier bulletin s'avérait catastrophique : 6,5. Quand il avait vu l'enveloppe du lycée dans la boîte aux lettres, il avait préféré prendre les devants et sortir. Mieux valait se trouver loin de son père lorsque ce dernier prendrait connaissance de ses résultats catastrophiques.

Ce 18 décembre, la maman de Franck Duvert l'avait accueilli avec une grande accolade. Quand elle voyait Aurélien, un large sourire emplissait toujours son visage. Cette expression attendrissait par-dessus tout le jeune homme. L'espace d'un instant, il oubliait qu'il était le fils « vaurien » d'Hervé et de Lise Treil. Pour une fois, il se sentait apprécié et aimé comme tel, sans ses notes, sans ses aspirations, sans superflu, juste pour le simple fait d'exister. Pour une fois, il se sentait affranchi de ses origines et de ce non-droit de vivre que lui avait transmis sa branche d'ancêtres paternels. Hervé, Claude et Lucette, peu importait de qui il descendait, il existait pour lui : un point c'était tout ! Ce sentiment de liberté et d'existence que Madame Duvert lui prodiguait n'avait pas de prix. Et voilà pourquoi ces derniers mois, il aimait par-dessus tout trouver refuge chez elle. « Alors,

Aurélien, comment vas-tu aujourd'hui ? », lui avait-elle demandé tout simplement ce soir-là.

D'autant qu'il s'en souvenait, sa propre mère ne lui avait jamais posé cette question, pourtant si essentielle. En réalisant ce simple fait, Aurélien en avait eu les larmes aux yeux.

« Oh toi, ça ne va pas bien fort aujourd'hui ! Eh bien, viens t'asseoir à côté de moi. Que t'arrive-t-il ?

— Non, rien, cela va passer », avait répondu Aurélien, en la fixant d'un coup de façon étrange.

Madame Duvert, Émilie de son prénom, avait revêtu ce jour-là une jolie robe blanche en lin, s'était maquillée à son avantage, et avait arrangé ses cheveux d'une façon différente. Et aujourd'hui, Aurélien la voyait pour la première fois comme une femme attirante. Vingt ans les séparaient pourtant, mais qu'est-ce que vingt ans quand le cœur d'un adolescent se met soudain à battre la chamade ? « Eh bien Aurélien, tu parais tout bizarre, tu es vraiment étrange aujourd'hui », lui avait-elle fait remarquer quand soudain, il s'était mis à rougir et à baisser les yeux. Il aurait eu envie de l'embrasser, de la serrer dans ses bras. Mais, il n'avait pas osé. Et puis surtout, le téléphone s'était mis à sonner.

Quand Émilie avait raccroché, Aurélien avait immédiatement compris avant même qu'elle ne lui explique... Son père venait d'appeler. Il devait rentrer chez lui. Immédiatement ! Aurélien aurait pu s'en douter...

« Je suis désolé, Madame Duvert !

— Je t'en prie, appelle-moi Émilie, je te l'ai déjà répété des centaines de fois. Et puis, pas de "vous" entre nous... juste "tu".

— Émilie pourras-tu dire à Franck quand il rentrera du judo que je suis vraiment désolé pour ce soir, mais là, je pense que ça va être compliqué.

— Pas de souci, je lui dirai. S'il te plaît, n'hésite pas à venir me parler, si jamais tu en ressens le besoin. N'importe quand. Je suis là.

— D'accord. »

Et il était rentré chez lui, l'âme en peine, d'avoir déjà eu à quitter cette femme dont il venait de tomber amoureux, mais le cœur plus léger. Cela lui avait donné de la force pour affronter le courroux paternel.

« Mais qu'est-ce que tu as dans la tête, mon garçon ? Tu te rends compte, tu as pris un an de retard en redoublant ta première, et tu as 6,5 de moyenne au bout d'un trimestre et cela malgré les cours particuliers que nous te payons. Dois-je te rappeler qu'à la fin de cette année de terminale, tu as le bac à passer ? Ce n'est pas un bras cassé que nous avons ! »

Cette colère avait à peine effleuré Aurélien, tant il était absorbé par l'espoir de revoir bientôt Émilie.

« Tu m'écoutes, quand je te parle, avait hurlé Hervé.

— Mouais ! », avait répondu du bout des lèvres et mollement Aurélien.

Lise était restée sur le canapé, à faire ses mots fléchés, à moitié anesthésiée, semblait-il, par son dernier calmant, qu'elle n'avait pas hésité à prendre en sentant comment la soirée allait tourner.

« Mais, il faut que je te parle en quelle langue pour que tu te sortes les doigts du cul une bonne fois pour toutes ? » Cette phrase, Aurélien, ne la supportait plus. Et alors, qu'il était resté des plus calmes jusqu'alors, il sentit soudain une colère l'envahir. « Mais, ce n'est pas vrai, tu n'as que cette expression à la bouche ! Eh bien tu sais quoi ? Les doigts dans le cul, je vais les garder et bien profond ! »

Hervé avait alors vu rouge. Il avait empoigné Aurélien par l'arrière de son col et l'avait traîné ainsi sur le sol pendant plusieurs mètres. Et quand Aurélien, provocateur, lui avait répété : « Bien profond ! Je te le garantis ! » Hervé lui avait décoché une gifle monumentale, dont le son avait fini par sortir Lise de sa torpeur. Elle avait vociféré à son tour : « Mais arrêtez tous les deux ! Je n'en peux plus de vos disputes. »

Père et fils étaient si peu habitués à entendre le son de sa voix ces derniers temps, qu'ils étaient restés l'un et l'autre figés sur le sol quelques secondes. Mais cela n'avait pas duré plus de dix secondes. Une fois l'effet de surprise passé, Hervé avait continué à traîner son fils sur le sol, jusqu'à sa chambre, pour l'y enfermer.

21

13 avril 2007, 8h30

« Le bonheur se construit-il ?, écrivit le professeur de philosophie à la craie sur le tableau. Il est 8h30. Vous avez quatre heures pour répondre à cette question. »

Dans la salle de terminale S1 du lycée Lafontaine, le silence tomba brutalement.

« Vaste question ! », pensa Aurélien, désespéré, assis tout seul au fond de la salle. Que connaissait-il, lui, du bonheur ? Surtout ces derniers temps, où tout lui échappait ? Les notes scolaires qui avaient encore chuté, les disputes à la maison, son père qu'il ne supportait plus. Jamais Aurélien ne se serait retrouvé dans cette situation si Hervé Treil, le patron, n'avait pas encore licencié deux ouvriers de Plasticar, dont le père de l'un de ses camarades de classe. Au lycée, la nouvelle avait jeté un froid supplémentaire. Aurélien rasait à présent les murs. Franck lui avait tourné le dos à son tour et surtout, Émilie Duvert ne lui ouvrait plus sa porte. Il en voulait tellement à son père !

Sans l'obsession d'Hervé d'augmenter le profit de son entreprise coûte que coûte, il serait toujours avec Émilie ! Deux mois déjà qu'Aurélien espérait qu'elle change d'avis. Huit longues semaines à ne vivre que pour regarder ses éventuels textos qui auraient pu s'afficher sur son portable, le cœur complètement déchiré. Sans celle qui lui avait redonné espoir en la vie, Aurélien n'avait plus le goût à rien. Sur sa feuille blanche, il n'avait qu'une envie : coucher le prénom *Émilie, Émilie, Émilie.* Combien de fois l'avait-il écrit ? Sur ses cahiers, sur les tables de cours, sur les murs dans la rue, à la craie sur les trottoirs et même sur son bras et ses jambes. Pourtant tout avait si bien commencé.

C'était un mardi. Un mardi de janvier, froid et sec, mais ensoleillé. Aurélien, qui avait séché les cours, avait donné rendez-vous à Émilie à 14 h 00 dans un café en plein centre-ville. Il était heureux, car le traitement d'Émilie avait marché ! Elle était enfin en rémission. Bientôt, elle pourrait retravailler ou du moins chercher un emploi. « J'ai besoin de te parler ! », lui avait-il dit. Elle avait répondu qu'elle serait là.

Arrivé un peu en avance, Aurélien s'était assis, anxieux, à l'intérieur de l'établissement. Il avait commandé un coca. Toutes les cinq secondes, ses yeux fixaient son portable pour contrôler le temps qu'il lui restait avant de la voir. Plus l'heure approchait, plus son cœur battait fort. Et plus il battait fort, et moins Aurélien avait confiance en lui. Pourtant ce pas, il s'était promis de le sauter. C'était devenu pour lui si évident ! Plus les minutes passaient et plus Aurélien se sentait rapetisser sur son siège. Et finalement, elle était entrée. Plus belle que jamais. Émilie possédait une beauté naturelle qui émanait de tout son être et qui rayonnait d'autant plus quand elle riait ! Dans ces moments-là, le monde pouvait s'arrêter de tourner, Aurélien avait trouvé son soleil et c'était tout ce qui comptait.

« Bonjour Aurélien ! », avait-elle lancé aussi légère qu'un papillon qui se pose sur une rose. L'adolescent l'avait observée s'asseoir gaiement à la table. Et il s'était dit que c'était bon signe. Ils avaient parlé pendant un moment un peu de tout et de rien. Et puis Aurélien avait tenu à l'inviter et ils étaient sortis profiter des rayons du soleil qui brillait sur cette belle journée. « Si tu veux, je te montre mon lieu préféré dans les bois, proche de l'étang Sainte Geneviève. Un endroit magique ! »

Voilà deux mois qu'Aurélien avait passé son permis et il était assez fier d'ouvrir à Émilie la portière avant de sa voiture pour l'emmener se promener. Une fois dans la voiture, Émilie avait commencé à interroger Aurélien sur les raisons de ce rendez-vous, somme toute, un peu mystérieux à son goût. Sans doute qu'avec son caractère un peu enfantin et un soupçon naïf, Émilie n'avait rien vu venir. Ou comme beaucoup de femmes, pensait-elle que ses vingt ans qui les séparaient constituaient un rempart de protection absolu entre elle et lui. Pourtant, plusieurs fois, Aurélien avait senti qu'elle n'était pas insensible à ses charmes. Alors, à quoi jouait-elle ?

Ils avaient ri encore de bon cœur un moment. Et Aurélien avait garé la voiture. Une fois dehors, il avait pris la main d'Émilie et l'avait entraînée en courant vers le lac. Elle n'avait pas protesté. Émilie se sentait si légère, un peu comme si l'existence lui offrait la chance de revenir vingt ans en arrière. Croquer la vie au jour le jour après un cancer du sein, voilà à présent tout ce qui comptait pour elle. C'était sans doute un peu égoïste de sa part, mais se sentir attirante dans le regard d'un homme, elle n'y croyait plus depuis sa mastectomie. Alors quand elle voyait le regard d'Aurélien aussi pétillant qu'une étoile se poser sur elle, bien sûr, elle reprenait confiance en elle. Cette relation qui avait grandi au fil des mois leur avait fait tant de bien à tous les deux ! Pourquoi y mettre un terme ? Émilie serait bien assez grande pour garder ses distances si les circonstances l'imposaient.

Une fois arrivés au lac, Aurélien lui montra un chêne centenaire, solide et gigantesque, qui s'élançait dans les airs, majestueux. Il proposa à Émilie de l'encercler et de lui parler. C'était une technique chamanique, qu'il avait découverte dans un livre, pour se recharger. Puis il ajouta : « Ferme les yeux et fais un vœu ! »

Émilie s'exécuta. Quand elle ouvrit à nouveau les paupières, Aurélien se tenait à deux centimètres de ses lèvres. Troublée, ses bonnes résolutions tombèrent immédiatement à l'eau. Elle embrassa Aurélien et perdit tout contrôle de la situation, jusqu'à en devenir un peu folle. Comment pouvait-elle entretenir une relation avec l'ami de son cadet et le fils du patron de son aîné ? « Aurélien tout cela doit absolument rester secret entre nous ? D'accord ? » Le jeune homme, qui se sentait transporté dans les airs, aurait répondu n'importe quoi. Une chose était sûre : il ne se voyait de toute façon pas se vanter de cette relation à son meilleur ami.

Émilie et Aurélien avaient dès lors tenu parole. Ni l'un ni l'autre n'avait jamais parlé à personne de leur secret. Ils avaient également décidé de ne plus se voir en centre-ville et de rester le plus discrets possible. S'il leur arrivait de se voir chez Émilie en compagnie de Franck et de Guillaume, ils s'étaient également promis de ne rien laisser paraître. À côté de Plasticar, Aurélien connaissait une petite cabane abandonnée qu'ils avaient décidé d'aménager pour pouvoir se retrouver. Sans doute était-ce ainsi qu'ils avaient fini par se perdre.

Cet endroit avait été témoin de nombreux échanges tous aussi profonds les uns que les autres. Émilie avait longuement écouté Aurélien lui parler de sa relation douloureuse avec son père… Bien des fois, elle aurait aimé lui dire que cette boule de colère en lui ne l'amènerait à rien. Mais quand Hervé Treil s'en était à nouveau pris à son fils aîné, Guillaume, elle s'était sentie à son tour furieuse contre cet homme qui décidément manquait un peu d'intelligence émotionnelle. Guillaume avait déjà tant souffert à cause de lui. Et elle avait commencé à prendre un peu de distance avec Aurélien pour finalement décider de mettre un terme complet à leur relation, sans vraiment lui expliquer la teneur de son geste. Elle ne s'en sentait pas la force, ni le courage. Cependant Aurélien continuait à espérer un geste de sa part. Et rien d'autre n'avait d'importance à ses yeux. La preuve :

quatre heures s'étaient déjà écoulées depuis le début de l'épreuve blanche de philosophie et Aurélien n'avait pas posé une seule fois son stylo sur la feuille. Le bonheur se construisait peut-être, mais, le garçon ne se sentait pas du tout doué pour s'élever à un état de complète satisfaction. Il ressortit de la salle en rendant copie blanche.

22

1er mai 2007

Pourquoi Aurélien avait-il accepté une fois de plus cette invitation de Françoise Entier ? Il l'appréciait, mais de là, à se confier à la patronne de son père, il y avait des frontières à ne pas franchir. Depuis la mort de Bernard Entier, c'était la quatrième fois qu'il se retrouvait en tête-à-tête avec elle au Petit Canard, un restaurant gastronomique proche de chez lui. La première fois, il s'était demandé de quoi ils allaient pouvoir parler ensemble pendant le dîner. Mais Françoise possédait ce talent de mettre Aurélien à l'aise. Dotée d'un sens de l'humour absolument irrésistible, elle avait réussi à faire rire le jeune durant tout le dîner. Et finalement, la soirée qu'il avait tant redoutée s'était avérée plutôt agréable, et surtout surprenante. Jamais Aurélien n'aurait pu imaginer qu'en venant de perdre son mari, cette femme serait encore capable de trouver la force de plaisanter.

« Il le faut bien Aurélien ! La vie continue et Bernard détesterait me voir triste sans lui ! Et puis, si je veux passer une nouvelle soirée avec toi, je dois prendre un peu sur moi, ne trouves-tu pas ? » Françoise Entier était si charmante qu'il était difficile de toute façon de lui refuser quoi que ce soit. Alors, au moment de se quitter, il lui avait promis de renouveler l'expérience quand elle le souhaiterait. Et bien sûr, quand trois jours auparavant elle lui avait proposé un nouveau dîner, il n'avait pas su lui refuser. Pourtant, il n'était vraiment pas d'humeur.

Au téléphone, elle lui avait donné rendez-vous à 20 heures. « Je viens te chercher », lui avait-elle proposé gentiment. Il lui avait répondu qu'il s'y rendrait en voiture. Maintenant qu'il conduisait, Aurélien ne ratait plus une occasion de profiter de cette nouvelle indépendance, surtout depuis que ses parents lui avaient offert pour ses 18 ans, une Peugeot 207 grise. Il aimait tant la conduire. La vitesse le grisait par-dessus tout. Il adorait accélérer dans les virages. Enfoncer à fond la pédale d'accélération juste avant les tournants lui donnait l'impression de jouer à la roulette russe, surtout les jours de pluie. Il avait découvert ce sentiment à peu près au moment de sa rupture avec Émilie, ou du moins son souhait à elle de ne pas poursuivre la relation. Il s'était imaginé son visage décomposé en apprenant sa mort, cette vengeance lui avait procuré un court apaisement. Et c'était bon.

Ce soir-là, environ deux kilomètres avant Le Petit Canard, en plein virage, Aurélien écrasa complètement le champignon. La voiture dérapa légèrement sur la gauche, les pneus crissèrent, mais le jeune homme réussit immédiatement à reprendre le contrôle sur son véhicule. Il se dit que son heure n'avait pas encore sonné. Et il arriva à 20 heures précises au restaurant.

Françoise Entier l'attendait déjà.

« Quelle ponctualité Aurélien ! Je te félicite !

— Bonsoir, je vous en prie, c'est tout à fait normal ! Comment allez-vous ?

— Eh bien tu vois, cinq mois de plus à mon moteur, depuis notre dernière rencontre. Je rouille de plus en plus, mais, heureusement, je possède une bonne huile pour déverrouiller ma vieille carcasse ! "Roule mamie !" Qu'aimerais-tu boire ?

— Un coca, route oblige !

— Assieds-toi, Aurélien ! Tu sais, ce soir, je ne vais pas y aller par quatre chemins. Je sens bien ces derniers temps que tu n'as pas l'air vraiment bien. Je m'inquiète pour toi. Que puis-je faire pour t'aider ?

— Vous en faites déjà beaucoup, Françoise !

— Merci. Écoute, j'ai dans ce cas, un petit service à te demander !

— Je vous écoute.

— J'aimerais que tu suives cet été un stage à Plasticar. J'en ai discuté avec ton père ce matin et il était tout à fait d'accord sur le principe. Je pense que cela te ferait du bien de découvrir le monde du travail. Les lignes de presse sont, il est vrai, à mille kilomètres de tes centres d'intérêt, mais tu pourrais avoir une vraie expérience et sur un CV, c'est important. Je te paierais ce stage le minimum conventionnel.

— C'est payé combien ?, demanda un peu maladroitement Aurélien.

— C'est 578 euros, par mois.

— Marché conclu ! »

Aurélien avait répondu sans réfléchir. Cette proposition lui avait été droit au cœur. Une fois n'était pas coutume, il se sentait flatté. Il se sentait exister un peu. Et c'était agréable.

Françoise s'enfonça à nouveau dans son siège. L'espace d'un moment, elle avait craint qu'Aurélien refuse sa proposition. Mais elle se rendait compte à présent combien cet adolescent était facile à vivre ! Un vrai amour ! Et à cette pensée, elle frissonna d'horreur en imaginant combien Hervé Treil devait être dur avec lui ! Ce matin encore, quand elle lui avait proposé d'embaucher Aurélien pour l'été, et alors qu'elle pensait que sa proposition le ravirait, il s'était montré aussi dubitatif qu'agacé.

« Françoise, vous êtes trop gentille avec mon vaurien ! Il ne mérite vraiment pas toute votre attention ! », avait-il badiné !

La veuve de Bernard Entier avait gardé un silence lourd de sous-entendus qui était naturellement autoritaire. Hervé Treil savait de toute façon qu'elle n'en ferait qu'à sa tête. Françoise Entier avait un caractère bien trempé. Quand elle avait une idée en tête, il était inutile de lui résister. Elle finissait toujours par obtenir gain de cause.

« C'est d'accord, Françoise, nous recevrons Aurélien cet été.

— Oui Hervé, et nous lui donnerons toutes ses chances ! Vous êtes d'accord, n'est-ce pas ?

— Naturellement, Françoise ! », avait-il répondu, presque au garde-à-vous.

En ressortant du bureau d'Hervé, Françoise n'avait pu s'empêcher de regarder le portrait de son mari affiché en grand, juste en face de celui d'Hervé. Elle se sentit soudain pleine de compassion pour le poulain de Bernard, à qui elle avait promis de promouvoir Hervé au rang de directeur si son mari venait à mourir. Néanmoins, elle se sentait tiraillée entre son affection pour lui et son sixième sens qui lui soufflait que le management d'Hervé Treil s'avérait défaillant.

Elle repensa alors à sa dernière conversation avec Gisèle, quand cette dernière lui avait transmis le taux d'absentéisme flamboyant de la dernière année écoulée sous la direction d'Hervé. Depuis la création de l'entreprise, jamais Françoise n'avait connu pareil phénomène. Que se passait-il donc à Plasticar pour que soudain, les employés tombent malades et s'absentent autant, ce qui représentait un manque à gagner colossal pour les deux sites de production ? Même Gisèle, qu'elle avait connue jusque-là souriante et avenante, affichait désormais une triste mine quand elle passait la voir. Alain, l'employé le plus ancien de Plasticar, semblait aussi avoir changé. Lui naguère si boute-en-train n'avait plus le verbe si drôle ces derniers temps. Sans compter la crise cardiaque de Madeleine au sein de l'entreprise, tout cela commençait à préoccuper hautement Françoise. Mais comment redresser la situation ? Elle ne se sentait pas à sa place pour enseigner à Hervé l'art et la manière de rendre les gens heureux au travail, clé somme toute de la bonne vitalité de n'importe quelle entreprise. Était-il d'ailleurs possible de réussir à changer le comportement d'un dirigeant afin d'améliorer son management ? Françoise n'en était pas tout à fait convaincue. Mais de nature profondément optimiste, elle s'était donné une chance d'y parvenir, en s'accordant encore un peu de temps.

23

2 juillet 2007, 8 heures

Alain regarda l'horloge à quartz accrochée au mur : 7 h 58. Aurélien venait juste de se présenter à lui. Ponctuel. C'était un bon point pour lui. Quand, la semaine précédente, Hervé Treil lui avait annoncé que son fils resterait dans son équipe tout l'été pour suivre un stage ouvrier sur les lignes de presse, Alain avait senti un vent de panique le gagner. Être responsable du bon déroulement de ce stage, voilà une responsabilité qui l'angoissait. Et quand Hervé lui avait précisé : « Vous ne laissez rien passer », son stress avait augmenté d'un cran. Ce genre de phrase un brin énigmatique avait le don de l'affoler par-dessus tout. Qu'entendait-il par là ? Alain avait bien compris la sévérité induite par la formule, et s'agissant d'un ouvrier récemment recruté comme Guillaume, il aurait parfaitement su où placer la barre, mais concernant le fils du patron, la mission devenait vraiment plus que délicate.

« Bonjour, je suis Aurélien Treil, mon stage chez vous commence aujourd'hui.

— Bonjour mon garçon. Alain Verdier, responsable des lignes de presse et de ton stage. Suis-moi, je vais te présenter à l'équipe.

Tu vas travailler en binôme avec Guillaume, je pense que vous vous connaissez déjà ! Je crois que tu étais en classe avec son frère cette année. Guillaume, viens s'il te plaît ! »

Rien qu'à cette pensée de retrouver Guillaume, le cœur d'Aurélien se mit à battre la chamade, à vaciller, et à ressentir tout le manque d'Émilie. Son visage se trouva l'espace d'un moment traversé par mille et une émotions toutes plus contradictoires les unes que les autres. Et quand il se trouva face-à-face avec le fils de son amour, le malaise emporta tout sur son passage : espoir, joie et tendresse furent balayés d'un coup en croisant le regard de Guillaume, aussi dur qu'un roc. « Salut ! Allez, suis-moi ! Nous allons d'abord chercher une tenue pour toi, et dans un deuxième temps, je vais te montrer les lignes de presse. »

En l'espace de deux secondes, Aurélien avait bien compris que sa présence n'était pas vraiment désirée auprès de Guillaume, ce qui lui parut aussi injuste que mérité. Sa mère lui avait-elle parlé de leur relation ? Le jeune homme en doutait fortement. Guillaume craignait-il alors qu'Aurélien moucharde tout à son père ? Le jeune ouvrier avait tant souffert du mauvais management d'Hervé Treil ces derniers mois – Émilie avait évoqué les souffrances de son fils maintes fois avec lui – que cette seconde hypothèse s'avérait des plus probables.

Aurélien suivit Guillaume, qui avançait d'un pas rapide, presque de course. À deux reprises, Aurélien ne sut dans quelle direction il avait tourné. Lorsqu'il le retrouva enfin dans la buanderie, Guillaume lui tendit un pantalon et une chemise bleue. « Tiens ! Enfile ça. Ils devraient être à ta taille ! » Et il repartit en sens inverse tout aussi vite, laissant Aurélien seul, sans explications sur le lieu où il devait le retrouver ensuite.

Aurélien enfila son bleu de travail. Les manches de la chemise lui arrivaient au milieu des mains ; quant au pantalon, il dut faire un nœud à la taille pour qu'il ne tombe pas sur ses pieds, tant il était trop large pour lui. Quant à la longueur, elle était un peu juste, puisque les ourlets du pantalon lui arrivaient à mi-mollet. Affublé de cette tenue qui ne lui allait pas, Aurélien se sentait vraiment ridicule. Lorsqu'il arriva dans la salle des lignes de presse, il remarqua aussitôt le rire à peine déguisé des ouvriers autour de lui, qui le regardaient. Cela lui rappela immédiatement l'ambiance qui régnait depuis quelques mois au lycée. Son cœur se serra et il eut presque envie de se cacher pour pleurer, mais comme sa mère lui avait répété depuis l'enfance qu'un garçon ne devait pas se laisser aller à cette faiblesse, la colère le gagna. Il rejoignit Guillaume, prêt à exploser à la moindre remarque désagréable.

« Ah ! Enfin te voilà, pas trop tôt ! Plus d'une demi-heure que je t'attends ! Sais-tu au moins à quoi ressemble une ligne de presse ?

— Non.

— Je m'en doutais. Le principe est simple. La presse injecte sous pression du plastique chauffé pour être liquéfié dans un moule. Le plastique liquéfié prend la forme du moule et produit ainsi la pièce, qui, en se refroidissant, obtient son aspect définitif. Le plastique provient de petits granulés. »

Pendant que Guillaume continuait son laïus, Aurélien n'écoutait que d'une oreille. Ce monde lui paraissait si loin de ses préoccupations. Pourquoi avait-il voulu faire plaisir à Françoise ainsi ?

« Il est donc essentiel de vérifier la température, la pression, l'approvisionnement en granulés et l'aspect de la pièce au final. Hum, hum, tu m'écoutes, Aurélien ?

— Oui, bien sûr.

— Tu peux répéter ma dernière phrase ?

— Le plastique provient de petits granulés.

— Je vois, nous sommes plutôt mal partis. Je répète alors… »

Alain s'approcha des deux garçons.

« Comment cela va vous deux ?

— Le jeune homme est plutôt distrait ! », lança Guillaume d'un ton péremptoire.

Aurélien ne répondit pas. Agacé, Alain le secoua un peu.

« Aurélien, il faut être plus vigilant, mon garçon ! Tu es planté là, les mains dans les poches, ça ne sert à rien. Ce n'est pas un jeu vidéo. Sors-moi les mains de ces poches et vite, tu n'es pas là pour te caresser.

— Mais…

— Il n'y a pas de mais, fissa ! »

Aurélien s'exécuta… et au même moment, son pantalon descendit sur ses pieds.

« Et puis demain, apporte une ceinture, c'est quand même pas le lieu pour montrer ton cul !

— Vous savez quoi ?, rétorqua, furieux, Aurélien. Il n'y aura pas de demain. Je ne reste pas une seconde de plus dans cette entreprise de fous ! Vous le direz à mon père. Je compte sur vous. »

Le jeune homme tourna les talons. Guillaume et Alain le regardèrent s'éloigner. Ils n'avaient échangé aucun mot, mais, tous les deux partageaient ce même sentiment : ils étaient soulagés. L'espace d'un instant, Alain avait redouté le moment où il devrait annoncer la nouvelle à son patron. Il craignait par-dessus tout d'essuyer les plâtres de ce départ trop rapide, d'être jugé à tort d'incapable. Mais s'il avait eu raison de craindre les réactions d'Hervé, ce n'était pas pour les raisons qu'il avait imaginées. Comme ce qui était à redouter, Hervé avait hurlé dans le combiné… mais pas sur Alain ! Sur son vaurien de fils ! Gisèle l'avait même surpris en train de jeter sa photo à la poubelle. Quel parent était capable d'envoyer le portrait de ses enfants à la corbeille ? D'un coup, Alain vit en Hervé un monstre à la place de son patron et sa colère contre lui prit une nouvelle intensité, qui se répandit comme une traînée de poudre sur toute l'entreprise. Hervé était devenu soudain le symbole de tout le malaise qui s'était abattu depuis des mois sur l'entreprise depuis la disparition de Bernard.

IV

Quand le vent tourne

24

5 juillet 2007, 18 h 50

Pascal Leblanc se pencha pour lire les constantes d'Aurélien, accrochées au pied de son lit. « Né un 19 août 1988, Aurélien aura 19 ans dans un mois, constata-t-il. Sera-t-il sorti du coma d'ici-là ? » Le médecin n'en savait rien. Depuis cinq jours, l'état du jeune homme s'était stabilisé, mais pas vraiment amélioré pour autant. Et si jamais il reprenait conscience – ce que Pascal souhaitait de tout son cœur – dans quel état reviendrait-il ? Dieu seul le savait. Selon les derniers examens, ses fonctions cognitives pouvaient avoir été endommagées lors de sa tentative de suicide. Car cet accident, au vu de la lettre qu'il avait laissée à son père, était réfléchi, désiré, voulu. Non, Aurélien n'avait plus goût à la vie. « Un enfant de plus broyé par le mal-être généré par cette société, pensa soudain Pascal Leblanc. Un de trop, ils sont toujours de trop. » Et un profond malaise l'envahit à son tour.

Depuis toutes ces années qu'il exerçait comme médecin urgentiste, Pascal n'avait toujours pas accepté que la mort puisse faucher les plus jeunes. Et cette résistance face à l'inacceptable générait en lui dans de pareils moments des tensions capables de réveiller ses engrammes les plus profonds et les plus anciens. Pascal sentit soudain ses yeux se remplir de larmes. Sur le visage d'Aurélien se superposa soudain celui de Théo. Et il ne supporta pas l'idée qu'à son tour, Aurélien puisse quitter ce monde sans avoir eu le temps d'en savourer toutes les beautés. Car même si cette vie pouvait se montrer dure – et elle l'était bien souvent –, Pascal la considérait par-dessus tout aussi merveilleuse qu'extraordinaire, pleine de magie et de mystères divins... Il vénérait en elle cette intelligence sans nom, omniprésente, omnipotente et omnisciente, qui orchestrait tout dans des teintes pastel aussi riches que subtiles. Bien sûr, dans ces pires moments, il s'en remettait à elle... Que faire de plus, à part le maximum que Pascal s'efforçait chaque jour de donner de tout son être pour rendre ce monde plus beau.

Il prit alors au creux de sa main celle d'Aurélien. Cette main frêle et pâle lui sembla soudain aussi fragile que de l'albâtre. L'espace d'un instant, il eut peur de la serrer trop fort. Elle était glaciale! Aussi froide que la main de sa grand-tante qu'il avait serrée dans la sienne avant qu'elle ne s'en aille vers d'autres cieux. Il se revit une fois de plus seul sur le bord de la route, impuissant, paniqué. Il sentit de nouveau toute la douleur de l'événement, aussi présente qu'avant.

« Tu sais Aurélien, c'est Mathilde qui m'avait élevée. Je n'ai presque pas eu le temps de connaître ma mère. Elle est morte à ma naissance. Perdre deux fois sa mère, tu comprends Aurélien, c'était insupportable. J'aurais fait n'importe quoi pour ramener Mathilde à la vie. Si seulement à ce moment-là, j'avais connu les gestes qui sauvent... Ces gestes que j'ai utilisés pour te ramener à la vie. Oui Aurélien. C'est moi qui suis intervenu pour te sortir de là. Accroche-toi mon garçon! Accroche-toi. Si tu le souhaites, quand tu seras revenu, je peux t'aider à reprendre goût à la vie. Tu verras, elle n'est pas aussi moche que tu le penses. »

Et alors qu'il aurait aimé laisser libre cours à cette tristesse sans fond, Pascal dut freiner brusquement un torrent de larmes, qui resta coincé au beau milieu de la gorge, comme une boule immense… Pudeur oblige ! Roland, son collègue médecin, venait de faire irruption dans le box de réanimation. Et depuis qu'il le côtoyait, Pascal connaissait son caractère un tantinet froid avec ses patients. Roland portait avant tout l'institution de son métier sur le visage. Et rien ne perçait de derrière cette façade. Seul un pessimisme, dont Pascal se serait bien passé, transpirait de ses paroles.

« Eh bien, la situation ne s'améliore guère, constata-t-il sans aucune émotion. Pas sûr qu'il revienne intact ! » Pascal choisit de ne pas répondre. De toute façon, cette boule d'émotion ne lui aurait pas permis de tenir une conversation. Et à quoi bon montrer à Roland que quelque part, il s'était déjà un peu attaché à son jeune patient ?

25

5 juillet 2007, 19 h 30

À son arrivée à l'hôpital, Hervé fut content de retrouver le Docteur Leblanc. Décidément, il ne s'était pas trompé sur cet homme : un être exceptionnel ! Certainement que comme tous, il possédait ses défauts. Mais Hervé ne voyait en lui qu'un homme bon, attentionné et dévoué au bien-être de son prochain, des qualités, dont il se sentait complètement dépourvu. Les avait-il eues un jour ? Il en doutait. Le regard de la personne qu'il avait croisée ces derniers jours dans le miroir ne lui renvoyait que l'image d'un homme vaniteux, aigri, colérique, un véritable raté, qui avait entraîné son fils vers la mort.

« J'ai tué mon fils ! » En cinq jours, Hervé avait dû répéter cette phrase une bonne centaine de fois. Ce nouveau refrain avait chassé complètement le précédent : « Sortez-vous les doigts du cul ! » Hervé avait d'ailleurs complètement banni cette phrase stupide de sa propre bouche, mais également dans toute l'entreprise qu'il dirigeait ! À Plasticar, tous et toutes se trouvaient sous le choc. Hervé n'était pas le seul à culpabiliser sur le sort d'Aurélien. Alain, Guillaume et Gisèle ne s'en remettaient pas. Mais celle qui s'en voulait par-dessus tout, c'était Françoise.

Depuis l'accident, elle avait téléphoné à Hervé et à Lise pas moins de deux à trois fois par jour. « Oh mon Dieu, tout cela est de ma faute ! », répétait-elle, tandis qu'Hervé lui rendait la pareille en surenchérissant : « J'ai tué mon fils ! »

« Mais non, Monsieur Treil, vous n'avez pas tué votre fils !, le rassura une fois de plus Pascal Leblanc, en posant une main sur son épaule. Vous l'avez accueilli dans ce monde, comme chaque parent : sans mode d'emploi ! Comme tout un chacun, vous avez donné le meilleur de vous-même pour l'élever et lui offrir tout ce dont il avait besoin pour devenir un Homme. J'en suis convaincu ! »

Depuis la mort de Bernard Entier, Hervé ne s'était plus jamais surpris à pleurer, mais à ces mots, il éclata en sanglots. Cette tornade qui venait de l'envahir, jamais, il n'en verrait la fin. Du moins était-ce son sentiment. Sans Pascal Leblanc, qui se tenait à ses côtés, il se serait probablement effondré.

« Relevez-vous Monsieur Treil ! Aurélien a besoin de vous pour surmonter ce coma. Il a besoin de vous sentir fort à ses côtés, il a besoin de votre amour. Allez lui dire Monsieur Treil, à quel point vous l'aimez ! Bien sûr que vous l'aimez ! Je le vois. Votre amour pour lui me semble d'une évidence absolue.

— Merci Docteur ! Merci ! Merci !, répétait-il à présent en boucle. Vous restez là, n'est-ce pas ?

— J'ai terminé ma journée, je vous attends !

— Merci encore Docteur, que ferais-je sans vous ? »

Hervé prit alors une grande respiration, il se redressa bien droit et d'un pas plus assuré, entra dans le box où se trouvait son fils. Mais à la vue du visage d'Aurélien, il pleura de plus belle. Depuis la mort de Bernard Entier, deux ans s'étaient écoulés. Cela faisait vingt-quatre longs mois qu'Hervé s'était anesthésié dans le travail, qu'il s'était coupé de toute émotion, de la sienne en premier, mais également de celle de ses proches, et en particulier de celle de son fils. Il n'avait rien vu venir. Quelle brute de père était-il pour ne pas avoir perçu la détresse de la chair de sa chair ? Pire encore, d'avoir contribué à sa perte ?

À quoi bon cette somme colossale de travail et ce rythme stressant qu'il avait imposé à tout son entourage pour ne pas décevoir un homme décédé ! Le seul jour où il avait accompagné son fils au lycée en voiture, il se revoyait encore hurler sur Lise et sur Aurélien, l'œil rivé à sa montre, pour ne pas arriver en retard à ce fichu comité de direction, pour au final arriver en avance ! Il sentait encore ce lourd stress coincé dans sa poitrine jusque dans son ventre, et qui l'empêchait de respirer. « Une vraie bombe dans le corps, pensa-t-il soudain, capable de dégâts colossaux ! » Aurélien avait payé le prix fort ! Sans compter cette stupide phrase qu'il avait répétée tout ce temps et qui, visiblement, avait précipité son fils à commettre peut-être l'irréparable. Quelle expression idiote et si vulgaire ! D'où lui provenait-elle ? Comment était-elle entrée dans sa bouche pour y séjourner aussi longtemps ?

Et alors qu'Hervé s'était effondré au pied du lit d'Aurélien, une image de lui, enfant, lui revint à la mémoire. Il se vit en pleurs, à genoux sur le sol en train de hurler. Hervé devait avoir alors 7 ou 8 ans.

« Sale vaurien ! Qu'est-ce que j'ai fait pour avoir un enfant pareil ? Mon garçon, tu vas te sortir les doigts du cul et mettre la gomme ! Sinon, tu auras affaire à moi ! », le menaça son père. Hervé se revit soudain rouge de honte ! Pourquoi son père l'avait-il autant détesté ? Lui qui aurait tellement aimé avoir un père aimant, juste et bienveillant. Mais ce père-là, l'avait-il été au moins pour son propre fils ? À cet instant précis, Hervé comprit à quel point il avait perdu du temps, à quel point, il s'était trompé de chemin. Oui, il avait littéralement erré durant de longues années, peut-être même toute sa vie, en passant à côté de l'essentiel. Il aimait profondément son fils, sans doute, même plus qu'il ne se l'était jamais avoué. Dans un élan du cœur, Hervé se redressa, il attrapa la main d'Aurélien : « Aurélien, c'est papa, je t'aime ! Je t'aime tellement. Reviens, je t'en supplie. Je ne serai plus jamais rien sans toi ! J'ai commis beaucoup de maladresses avec toi ! À ton réveil, je te promets de rattraper le temps perdu ! Reviens ! Je t'en supplie, ne me laisse pas ! »

Voyant le visage d'Aurélien complètement inerte, Hervé s'effondra à nouveau sur le sol… Il vit alors défiler devant lui des événements qui avaient été déterminants dans son existence : les brimades de son père, répétitives. Il entendit soudain le son aigu et lacérant du martinet s'abattre sur ses fesses. Et il sentit soudain la brûlure sur la peau, mais plus que tout, la colère le ronger de l'intérieur. Cette colère-là, qui ne l'avait jamais quitté et qui, bien que contenue, avait rejailli sur chaque acte de sa vie, jusque dans le traitement qu'il avait infligé sous l'effet du stress aux personnes sous ses ordres dans l'entreprise… Son propre père ne l'avait jamais aimé. Mais lui non plus ne s'était jamais aimé. Du moins se jugeait-il ainsi. Voilà bien longtemps que le fouet avait éteint toutes les émotions de tendresse en lui. Si Hervé aimait profondément Aurélien, il n'était en rien démonstratif de son affection. Les quelques fois où Aurélien s'était approché de lui pour lui faire un câlin, Hervé l'avait repoussé en prétextant que ce n'était pas le moment.

« Je voulais juste te faire un bisou », criait Aurélien du haut de ses 4 ou 5 ans, en larmes, le visage rouge et tout froncé, les petits poings serrés. « Plus tard », lui répondait Hervé. Mais que signifie plus tard dans l'esprit d'un enfant qui vit au présent ? Aurélien continuait à trépigner des pieds de rage. Et cela, Hervé ne le supportait pas, il attrapait alors son fils par le bras et d'un regard noir, il le fixait sévèrement : « Ça suffit maintenant ce caprice ! »

Combien donnerait aujourd'hui Hervé pour qu'Aurélien se réveille en lui demandant un bisou ! Il avait tout raté ! Hervé jeta alors un regard furtif sur le visage de son fils endormi. Et soudain, il sentit un frisson le traverser. Non, il ne rêvait pas : sur la joue droite d'Aurélien des larmes coulaient bien !

« Docteur Leblanc !, hurla-t-il, gorge déployée. Venez ! C'est Aurélien ! Venez ! » Au son de la voix d'Hervé, Pascal avait accouru dans le box. « Regardez, Docteur ! Ses joues ! J'étais en train de lui parler, pensez-vous qu'il ait pu m'entendre ? » Pascal se pencha alors sur le visage d'Aurélien.

« Monsieur Treil, ces larmes, ce sont les larmes de l'émotion, les larmes de la vie. Oui, la vie, c'est également savoir pleurer seul et parfois entouré de personnes quand on est très fort !

— Il est en train de sortir du coma, Docteur ? »

En bon médecin, Pascal Leblanc contourna cette question. Il ne voulait pas susciter de faux espoirs. Mais au fond de lui, il pensa que si les larmes étaient là, elles signaient probablement l'assurance de fonctions cognitives pas trop endommagées. « Restons optimistes, Monsieur Treil ! C'est la meilleure chose que nous puissions faire pour votre fils ! Un jour à la fois !

— Ces larmes, Docteur, pour moi, ce sont des larmes de bonheur ! »

26

6 août 2007, 17 heures

« Monsieur Treil ?!

— Oui Gisèle », répondit gentiment Hervé.

La secrétaire de direction n'était plus habituée à entendre un supérieur s'adresser à elle aimablement ! Le dernier à lui avoir parlé avec bienveillance était Bernard Entier. Aussi quand deux semaines auparavant, Hervé avait employé pour la première fois une parole agréable la concernant, elle avait soudain eu le sentiment d'entendre Bernard, feu son patron bien-aimé, et non ce dirigeant de pacotille, absolument insupportable. Un véritable choc ! Pour un peu, elle en aurait eu les larmes aux yeux. Mais, non, elle n'avait pas rêvé !

Les jours suivants, Hervé avait maintenu le même ton lorsqu'il lui parlait, et il n'utilisait plus autant de grossièretés. En deux ans de collaboration avec lui, il s'agissait d'une première. À croire que « Monsieur Trouduc » s'était volatilisé ! Et Gisèle n'était pas la seule à avoir remarqué ce phénomène. À Plasticar, le degré de tension dans les équipes avait baissé d'un grade depuis qu'Hervé s'était mis à copier, au début presque inconsciemment, celui qu'il considérait à présent comme son nouveau mentor : Pascal Leblanc, un homme courtois, élégant, raffiné et des plus polis ! C'est sûr, il restait encore beaucoup de travail à Hervé pour lui ressembler en tout point.

Manquant de repères, le dirigeant s'était toujours inspiré des autres pour moduler son comportement. Et ce pour le pire comme pour le meilleur, mais également à ses dépens. La preuve, sans modèle depuis la mort de Bernard, il s'était senti soudain perdu ! Une chose était sûre : la tentative de suicide d'Aurélien avait représenté pour Hervé un catalyseur ! Il avait pris conscience d'un impérieux besoin de changer. Et sa rencontre avec Pascal Leblanc avait servi de détonateur.

Il avait remarqué accidentellement qu'en parlant plus lentement, qu'en modulant le ton de sa voix, en la rendant plus aimable, comme celle du Docteur, Gisèle devenait plus flexible avec lui. La preuve ! Elle avait même obtempéré pour revenir travailler le 12 juillet 2007… Qui était, si vous regardez attentivement le calendrier de cette année-là, un dimanche ! Oui, un dimanche !

Intrigué par cet étonnant résultat, il en avait discuté avec le Docteur Leblanc, qui lui avait confirmé et expliqué que grâce au phénomène des neurones miroirs dans le cerveau, les gens se calaient instantanément sans réfléchir sur leurs interlocuteurs. Ainsi, la bienveillance appelait la bienveillance !

Émerveillé par cette découverte, Hervé avait réitéré l'expérience avec d'autres collaborateurs ; tous s'étaient montrés plus coopératifs, chose qu'il n'avait jamais obtenue auparavant. Hervé était emballé ! À présent, à chacune de leurs rencontres, Hervé et Pascal continuaient leurs échanges à ce sujet. C'est ainsi que le médecin apprit au dirigeant qu'en dehors de l'hôpital, il avait commencé à développer une activité de conseil en management dans les entreprises et qu'à l'avenir, il désirait créer son propre Cabinet de conseil en management bienveillant. Hervé était fasciné et surtout désireux d'appliquer ces nouvelles méthodes de comportement, que Pascal Leblanc jugeait urgentes pour la société entière… Quand le médecin lui avait parlé de son désir de transformer la société, et notamment d'humaniser les entreprises, Hervé en avait soudain eu la chair de poule ! En plaisantant, il répondit au médecin :

« Pourquoi ne pas baptiser ce projet : "Opération bienveillance dans les entreprises, à l'école et dans la famille" ?

— Hervé, c'est magnifique ! Ce nom me plaît beaucoup ! Vous me permettez de le réutiliser à l'avenir ? »

Il était ainsi Pascal Leblanc, généreux dans ses commentaires, sans pour autant, céder, s'il n'était pas d'accord. Hervé adorait cette façon de se comporter ! À présent, il désirait changer plus que tout, mais surtout, devenir lui aussi acteur de cette Opération bienveillance.

N'empêche ! Gisèle n'avait pas baissé la garde pour autant. Athée, elle ne croyait pas aux miracles ! Pour elle, nul doute que l'horrible Hervé Treil, « l'homme stressé et stressant, l'homme grossier qui vous parle mal », pouvait revenir d'un moment à l'autre. Aussi prenait-elle toujours autant de précautions avant de s'adresser à son patron, qu'elle avait du mal à ne pas voir comme un tyran.

« Monsieur Treil, c'est Françoise ! Elle vous attend en bas dans la salle de réunion.

— Merci énormément, Gisèle, dites-lui que j'arrive immédiatement. »

Et il était descendu aussitôt. Aujourd'hui était un grand jour ! Pascal Leblanc venait de lui apprendre la plus belle des nouvelles : son fils allait sortir la semaine suivante de l'hôpital.

« Que me dites-vous là ? Mais c'est merveilleux, Hervé !, s'était exclamée Françoise qui s'était assise pour se remettre de ses émotions. Vous savez, savoir Aurélien à l'hôpital, je n'en dormais plus la nuit. Dieu merci, il est sauvé ! »

Françoise s'était accrochée à la main d'Hervé. Elle l'avait serrée, puis finalement relâchée. C'était la première fois que la veuve de Bernard Entier lui montrait autant d'affection. Hervé en avait rougi !

« La prochaine fois que vous voyiez Aurélien, transmettez-lui mes amitiés, et dites-lui que je passerai une nouvelle fois le voir à l'hôpital avant sa sortie.

— Je n'y manquerai pas !

— Est-ce toujours le même médecin qui vous donne régulièrement des nouvelles de la santé d'Aurélien, l'urgentiste ? »

Alors qu'il répondait à Françoise, le visage d'Hervé s'était soudain illuminé ! Jamais Françoise n'avait connu pareil enthousiasme dans la voix d'Hervé !

« Oui, Françoise, vous rendez-vous compte ? Cet homme continue tous les jours à m'informer de l'état de mon fils. Il passe le voir quatre à cinq fois par semaine. Aurélien l'apprécie également beaucoup. Il s'est même confié à lui, pour ses projets d'avenir ! Je n'en reviens pas ! Jusqu'ici, à chaque fois que je tentais d'aborder le sujet avec lui, la conversation restait bloquée ! Mais avec Pascal Leblanc, il semblerait qu'il ait confiance ! Le Docteur lui a raconté ses différentes missions humanitaires en Afrique et également en Roumanie. Aurélien avait l'air passionné, il lui a posé des milliers de questions sur son métier d'urgentiste. Pour ma part, j'ai dîné l'autre soir avec lui. Il m'a confié ses nouveaux projets. Pascal souhaite dans un futur proche ouvrir un Cabinet de conseil pour aider les entreprises à mieux gérer le stress de leurs collaborateurs. Pour lui, un salarié motivé est la clé d'une entreprise en bonne santé. Il possède tout un tas d'idées merveilleuses pour améliorer le management dans les sociétés. D'ailleurs, il m'a donné quelques tuyaux que j'ai commencé à appliquer à Plasticar ! Avec Gisèle, j'ai vu que cela faisait des merveilles ! Elle avait l'air si renfrogné ces derniers temps quand je lui parlais. Les petites modifications que j'ai opérées dans mon comportement ont radicalement transformé notre relation de travail. Du coup, quand je lui demande de rester dix minutes de plus le soir, elle accepte avec plaisir !

— Mais quel est donc ce truc, Hervé ! Dites-moi en plus, s'enquit Françoise.

— Oh c'était trois fois rien Françoise ! J'ai juste commencé à la remercier pour son travail. Vous auriez vu son visage ! Gisèle était si contente ! Vraiment, Pascal Leblanc est remarquable ! Pensez-vous que nous pourrions lui donner un coup de main pour monter son entreprise ? »

À ces mots, le regard de Françoise s'était soudain éclairé ! Elle venait enfin de trouver la solution au problème qui la tracassait depuis de longs mois. « Avec joie, mon cher ! S'il vous plaît Hervé, organisez une rencontre avec lui sans plus tarder ! »

27

6 août 2007, 18 heures

Hervé marchait avec un grand sourire sur le parking de Plasticar. Il faisait beau. Les rayons du soleil le réchauffaient agréablement, tandis qu'une légère brise soufflait en même temps sur son visage. Hervé Treil respirait enfin ! Françoise avait accepté de recevoir Pascal Leblanc, et Aurélien sortait de l'hôpital le samedi suivant. Rien ne le rendait plus heureux. La vie pouvait se montrer clémente, légère et soudain si facile ! Hervé n'en revenait pas. Sans doute était-ce trop beau pour être vrai ! Se pouvait-il que le bonheur soit ainsi accessible, à portée de main ? Cela faisait si longtemps qu'il n'avait pas ressenti cette émotion de joie et de satisfaction ! Alors qu'il s'approchait de sa voiture, Hervé entendit des pleurs. Il se retourna pour voir d'où provenait ce son. Et c'est alors qu'il aperçut la silhouette d'un homme plié en deux sur le capot de sa voiture. Un jeune, apparemment ! Il s'approcha, resta quelques secondes, hésitant et silencieux, à hauteur de l'individu. Puis il décida finalement de poser délicatement une main sur son épaule, ce qui eut pour résultat de faire sursauter le garçon « Que me voulez-vous ? », aboya la voix, sans savoir à qui elle s'adressait.

Soudain, Hervé croisa le regard du jeune adulte et il le reconnut immédiatement. C'était Guillaume, son plus jeune employé, qu'il avait failli mettre à la porte quelques semaines auparavant. Un gamin de 21 ans. Ce jour-là, Guillaume avait eu le malheur d'arriver en retard trois minutes à son poste. Comme il en était à son deuxième avertissement, Hervé avait jugé bon de le convoquer dans son bureau. Bien sûr, il n'avait pas pu s'empêcher de sortir son expression favorite. Il l'avait hurlée si fort, que les parois des murs s'étaient mises à trembler et Gisèle en avait eu le souffle coupé. Hervé avait prévenu le garçon qu'il n'y aurait pas de troisième avertissement, la prochaine erreur serait la dernière, avant de le renvoyer. Guillaume était ressorti du bureau en tremblant, et désespéré.

« Cette fois-ci, Monsieur Treil, je n'ai plus peur ! Virez-moi, si vous le souhaitez, je m'en moque ! Je le mérite certainement !, lança Guillaume téméraire.

— Mais non voyons, pourquoi dites-vous ça Guillaume ? Le passé, c'est du passé, n'y revenons plus !

— J'ai ce poids sur la conscience. Impossible de le garder à présent. Il vaut mieux que je vous avoue tout !

— Sans doute rien de grave ! Je vous écoute mon garçon !

— Le 1er juillet dernier, quand votre fils a commencé son stage, j'étais censé être son binôme et l'aider à s'intégrer dans l'entreprise. Alain m'a demandé de l'emmener dans la buanderie pour lui donner une tenue adéquate pour travailler sur les lignes de presse. Je n'avais pas envie de travailler avec votre fils ! C'est bête, Monsieur, mais j'avais peur qu'il moucharde. Oui, je craignais qu'il me critique auprès de vous. Les derniers mois ont été si durs… Vous comprenez Monsieur Treil, tout le monde vous déteste ici ! Vos manières, votre comportement, cette expression idiote que vous répétez tout le temps ! Qui a l'idée de crier toute la journée "Sortez-vous les doigts du cul !" ? Même Madame Entier a commencé à se méfier de vous !

Vous comprenez, Monsieur Treil ? Votre management et votre stress nous rendent malades ! Vous ne l'avez jamais su, mais j'ai failli plusieurs fois me retrouver aux urgences à cause de vous ! Madeleine a failli mourir sous vos ordres ! Et j'en passe. Vous nous terrorisez Monsieur Treil ! Voilà la vérité ! »

À ces mots, Hervé était resté coi, comme figé. Il eut tout juste la force d'inciter Guillaume à poursuivre son récit.

« Eh bien, continuez mon garçon ! Je vous en prie, ne vous arrêtez pas en chemin !

— Bref… Le 1er juillet, j'ai choisi exprès une tenue trop grande pour votre fils. Le pantalon ne possédait pas de ceinture, c'était évident qu'à un moment donné, il tomberait sur ses pieds. Vous comprenez Monsieur Treil, je voulais le ridiculiser pour qu'il parte plus vite ! Mais, je vous jure, jamais je n'ai pensé qu'il pourrait se suicider ! Je m'en veux terriblement, Monsieur Treil ! Je vous présente ma démission, je quitte Plasticar sur-le-champ !

— Mais Guillaume, vous n'allez pas quitter Plasticar, vous n'allez rien quitter du tout. Je vous remercie de votre confiance… »

Depuis qu'il avait dîné avec le Docteur Leblanc, et que ce dernier lui avait expliqué la nécessité de ne jamais rater une occasion de remercier ses collaborateurs, Hervé ne manquait plus une occasion de s'exercer à cette nouvelle nature qu'il désirait faire sienne le plus vite possible. Il avait poursuivi : « Et je vous propose de prendre rendez-vous auprès de Gisèle avec moi pour que nous puissions fixer un nouveau cadre de travail pour vous, de façon à ce que vous puissiez vous sentir mieux à Plasticar. Vous comprenez, mon garçon, la terreur, c'est fini ! Plasticar va changer ! J'ai mon plan… Croyez-moi, il va marcher ! C'est une certitude. »

Guillaume s'était attendu à tout, mais bien sûr pas à cela ! Et comme il avait déversé sa haine sur Hervé Treil, il ne savait plus quoi ajouter… Il se retrouva bête et docile !

« C'est entendu, Monsieur Treil !

— D'accord mon garçon, alors au plaisir de vous recevoir ! Nous discuterons de tout cela, bien tranquillement. »

Hervé avait tourné les talons pour rejoindre sa voiture. En chemin, il se dit que la vie n'était pas aussi légère qu'elle en avait l'air. Même s'il avait décidé de changer, il sentait bien que certaines de ses actions du passé le rattraperaient tôt ou tard. Par certains aspects, il sentait sa conscience obscurcie de quelques taches sombres, et de lourds poids continuaient à peser sur son cœur.

À peine eut-il tourné la clé de contact pour allumer son moteur, qu'un mauvais pressentiment l'envahit soudain. Une angoisse inexpliquée s'empara de lui. Il avait soudain une boule dans la gorge et des difficultés à avaler sa salive. Un nœud s'était installé au niveau de son plexus solaire et sa respiration devint d'un coup beaucoup moins fluide. Hervé Treil se mit à suer à grosses gouttes. Et allez savoir pourquoi, il eut soudain l'impression que la terre s'écroulait sous ses pieds. Pour se contenir, il ferma les paupières un court instant, puis en les rouvrant, il décida d'aller affronter son destin. Il fit démarrer sa voiture et quitta le parking de Plasticar pour rentrer chez lui.

28

6 août 2007, 19 heures

Lorsqu'il entra chez lui, Hervé ne trouva pas ses chaussons saumon que Lise avait l'habitude de préparer pour lui et qu'elle laissait en général chaque jour à l'entrée pour éviter de salir l'intérieur. Un autre détail attira son attention, lui qui mourait de faim : aucune odeur de cuisine ne régnait dans la maison. Et encore plus étrange : la lumière, habituellement allumée à cette heure-ci, était éteinte dans la cuisine. Interloqué, Hervé appela sa femme, mais elle ne répondit pas. Peut-être s'était-elle endormie sur son lit ? Lise était si fatiguée ces temps-ci que cela ne l'aurait pas étonné. Hervé se dirigea alors vers la chambre. Une lumière passait sous le seuil de la porte. L'espace d'un instant, Hervé se sentit soulagé, surtout qu'il pouvait entendre des bruits de pas aller et venir. Mais quand il entra, il resta bouche bée. Lise avait sorti tous ses vêtements du placard. Elle avait placé sur le lit trois grandes valises, pleines d'affaires.

« Mais que fais-tu ?

— Mes valises !

— Tu pars en voyage ?

— Non.

— Eh bien alors ? Tu as décidé d'offrir tous tes vêtements à une œuvre caritative ?

— Très drôle !

— J'ai faim, tu as préparé quelque chose à manger ?

— Non. Il va falloir que tu t'y habitues, car tu vois, les petits dîners le soir, c'est terminé. Je pars.

— Tu pars ? C'est une plaisanterie ? Je ne suis pas trop d'humeur à rire ces derniers jours, et surtout aujourd'hui, j'ai encore eu beaucoup de soucis à Plasticar. J'aimerais enfin pouvoir me reposer en paix chez moi !

— Ah, mais tu auras tout le temps de te reposer en paix chez toi, mais ce sera sans moi, vois-tu ? »

Et alors qu'elle prononçait cette phrase, Lise ferma à clé sa dernière valise.

« Tu vas où ?

— Chez une amie dans un premier temps et puis après, je verrai.

— Chez Virginie ?

— Oui, c'est ça.

— Pfouf, je m'en doutais ! Cette femme, thérapeute de surcroît, je n'ai jamais pu la sentir ! Je me doutais qu'elle était en train de te manipuler avec sa psychologie à deux sous !

— Peut-être ! En attendant, elle m'a ouvert les yeux sur un point très important : cette petite vie enfermée à la maison avec un mari fantôme, je ne la supporte plus. Je veux sortir de ma dépression et pour y arriver, j'ai besoin de m'éloigner. Aurélien m'a enseigné une chose : la vie est bien trop courte et bien trop fragile pour la gâcher. Mon fils a besoin d'une mère heureuse pour continuer son chemin et je ne le suis pas. Il est grand temps que la situation change !

— Peut-être est-ce un peu précipité ? Tu peux prendre ton temps, et réfléchir à la maison !

— C'est tout réfléchi. Tiens, prends ces deux valises, tu vas m'aider à les placer dans le coffre de la voiture, et je porterai celle-ci. »

Jamais Hervé n'avait entendu un ton si déterminé dans la voix de sa femme. Aussi il s'exécuta en pensant peut-être trouver une solution avant d'arriver à la voiture. Mais son esprit embué n'avait ce soir-là rien de créatif. Il se dit qu'une bonne nuit de sommeil était nécessaire pour y voir plus clair. Il laissa donc partir sa femme sans la retenir. Que pouvait-il faire ? Elle avait fermé la discussion sans lui laisser la moindre chance de s'expliquer. Lise s'en était allée sans lui faire la moindre bise, ni prononcer le moindre au revoir. Et Hervé se retrouva les bras ballants, tout seul sur le seuil de la porte d'entrée de la maison. Il suivit le plus longtemps possible la trajectoire de la voiture de sa femme, jusqu'à ce qu'elle disparaisse tout à fait de sa vue. Un grand sentiment d'inexistence l'envahit. Vingt ans plus tôt, ses parents avaient disparu sans même lui laisser une explication et voilà qu'aujourd'hui, Lise l'abandonnait à son tour du jour au lendemain. Hervé eut soudain l'impression que la terre se dérobait sous ses pieds. Il rentra à l'intérieur de la maison pour noyer son chagrin dans un verre de whisky. Il lui fallait au moins cela pour supporter toutes les tensions de la journée.

29

6 août 2007, 20 heures

Le whisky avait coulé rapidement dans le verre d'Hervé. Et il n'avait pas attendu d'être assis pour le boire. Il l'avait avalé d'une traite, un peu comme s'il avait pris un comprimé d'antalgique pour faire passer un mal de tête. Il s'en était resservi un deuxième dans la foulée et avait transporté le verre et la bouteille dans son bureau. En plus du départ de Lise, une pensée hantait Hervé. Il ne pouvait s'empêcher de ressasser cette phrase que Guillaume avait prononcée sur le parking de Plasticar : « Même Madame Entier a commencé à se méfier de vous. » Se pouvait-il que Françoise, comme l'affirmait Guillaume, doutât de ses compétences de manager ? En y repensant, elle s'était effectivement jetée sur son offre de faire intervenir Pascal Leblanc à Plasticar comme la misère sur le monde ! Sur le moment, ce comportement ne l'avait pas choqué, mais à présent qu'il y repensait, le détail prenait toute son importance.

Hervé se resservit alors un troisième verre de whisky et en le reposant, dit à voix haute : « Un minable, mon gars ! Voilà ce que tu es ! Un moins que rien… Je rate tout ce que j'entreprends… systématiquement. Ce vieux c. avait raison. »

Cette phrase, « Tu ne feras rien de ta vie ! », son père la lui avait répétée tout au long de son enfance. Son premier souvenir remontait à ses 4 ans. Hervé avait pédalé sur son petit vélo sans roues et était tombé. En plus de la peur ressentie, il s'était fait mal. Quand son père l'avait aidé à se relever, il lui avait crié dessus : « Mais qui m'a donné un incapable de la sorte ? » Et il l'avait disputé fort devant tous les passants ! De façon si véhémente qu'Hervé avait pleuré davantage encore. Son père l'avait alors traîné par la main jusqu'à la voiture en hurlant qu'il ne ferait jamais rien de sa vie. De retour à la maison, il l'avait grondé encore devant sa mère qui n'avait pris sa défense à aucun moment. Hervé n'avait jamais compris pourquoi ce genre de scène était toujours assorti de cette parole sibylline : « Un vrai raté ! Les chiens ne font pas des chats ! » Il revit sa mère muette. Et il entendait encore ce silence aussi pesant que gênant qui régnait alors dans l'atmosphère. Combien de fois son père avait-il redit ces mots ? Hervé n'avait jamais compris pourquoi il scandait cette phrase pour un oui ou pour un non : se prenait-il lui-même pour un raté ou bien était-ce sa mère qu'il considérait comme une moins que rien ?

Une fois, Hervé s'était aventuré à demander : « Dis maman, c'est qui les chiens et c'est qui les chats ? » Tout en rougissant, sa mère avait détourné la conversion sur un autre sujet et Hervé en avait vite conclu que le sujet dérangeait sa mère. Mieux valait ne pas en parler. Il respecta alors son mystère. À force, ce silence énigmatique devint une habitude qu'Hervé n'osa plus jamais remettre en question. Et l'expression « Les chiens ne font pas des chats » resta sans explication aucune. Plus son père lui répétait qu'il ne valait rien et plus Hervé s'évertuait à lui prouver le contraire. Mais ses efforts n'avaient jamais été couronnés de reconnaissance paternelle. Bien au contraire ! Plus Hervé s'efforçait de lui montrer qu'il réussissait, plus son père manifestait de l'indifférence à son application. Et cela le rendait fou ! Il aurait fait n'importe quoi pour obtenir un signe de contentement. Mais rien n'y faisait ! Ni sa réussite scolaire, ni ses succès professionnels, ni sa bonne fortune personnelle. Rien, absolument rien. À force, Hervé s'était demandé si cette indifférence et ces dénigrements chroniques ne cachaient pas une jalousie masquée. Mais de qui ? Et pourquoi ?

Il termina son troisième verre et s'en resservit un quatrième. Anéanti, il posa un moment sa tête sur le bureau. Et quand il la releva, ses yeux croisèrent une enveloppe cachetée, disposée sur le coin de la table. Il n'avait jamais vu cette enveloppe auparavant. Lise l'avait-elle posée là, en oubliant de le prévenir de son existence ? Certainement. Il la prit dans ses mains et la regarda minutieusement. Il connaissait cette écriture. C'était celle de sa mère ! La lettre provenait de Bordeaux, du moins avait-elle été postée dans cette ville, cinq jours auparavant. Il sentit son cœur s'accélérer. Presque vingt ans que sa mère et son père avaient disparu. Pourquoi lui écrivait-elle à présent ? Hervé sirota lentement son quatrième verre. Il lui sembla nettement moins bon que les trois autres. Mais il sentait un tel stress l'envahir qu'il le but en entier. À présent, il avait la tête qui tournait, d'autant plus que depuis le déjeuner, il n'avait rien mangé. Il se dit alors que puisqu'il avait attendu presque deux décennies avant d'avoir des nouvelles de sa mère, lire sa lettre pouvait attendre encore un peu. Il se leva pour se préparer quelque chose à manger.

Dans la cuisine, il ouvrit le frigidaire. Il y trouva une cuisse de poulet vieille de trois jours. Sans même sortir une assiette, il l'engloutit debout, face au réfrigérateur. Une fois qu'il l'eut terminée, il jeta l'os dans l'évier et attrapa aussitôt un Tupperware pour l'ouvrir. À l'intérieur se trouvaient des restes de petit pois avec des carottes. Il les mangea froid avec les doigts et jeta la boîte vide dans le réfrigérateur. Enfin, il attrapa un yaourt et l'avala jusqu'à la dernière goutte. Le pot valdingua dans l'évier. Et Hervé rejoignit son bureau. Sur le chemin, il trébucha sur ses chaussons saumon qui traînaient au milieu du couloir, exactement à l'emplacement où il les avait laissés le matin en partant au travail. Il aurait dû s'en douter, Lise n'y avait pas touché ! Il les enfila tant bien que mal. En se penchant, il sentit une fois de plus sa tête tourner. Il se dit qu'il n'avait vraiment pas été raisonnable avec le whisky. Quand il arriva au seuil de son bureau, un haut-le-cœur puissant l'obligea à courir jusqu'aux toilettes. Il eut à peine le temps d'arriver à la cuvette qu'il vomît tout ! Fini le whisky… ! Il se dirigea vers la salle de bains pour prendre un antalgique. Tout cela lui avait donné mal au crâne ! Et la journée n'était pas encore terminée ! Hervé avait en effet bel et bien l'intention de lire la lettre de sa maman avant d'aller se coucher. La dernière fois qu'il lui avait parlé, c'était à la naissance d'Aurélien. Il n'avait jamais compris comment ni pourquoi elle s'était complètement désinvestie de la vie de son petit-fils. Après la visite à la maternité, elle n'avait jamais essayé de prendre de nouvelles du bébé. De son père, cela n'avait rien de surprenant, mais venant d'elle, c'était étrange.

Hervé saisit à nouveau le courrier de sa mère. Après quelques moments d'hésitation, il finit par décacheter l'enveloppe délicatement pour en extraire la lettre… Il plaça le papier sous son nez et en respira le parfum. Il retomba aussitôt dans ses souvenirs d'enfance. La lettre portait l'odeur qui l'avait tant rassurée lorsqu'il était petit garçon. À chaque fois que son père hurlait – c'était très fréquent – le petit garçon se réfugiait dans les bras de sa mère. Et il n'en bougeait pas tant que les hurlements n'avaient pas cessé. À sa puberté, il s'était naturellement éloigné d'elle, mais cette période s'était prolongée au-delà, et ils ne s'étaient jamais retrouvés. Qu'avait-elle donc pu lui écrire ? Il lui fallut pas mal de temps pour comprendre ce qu'il tenait entre les mains : un extrait du livret de famille auquel Hervé n'avait jamais eu accès.

Il se souvint alors de cette fois où il avait demandé à sa mère de le consulter :

« Nous l'avons perdu !

— Mais tu sais maman, un livret de famille, cela se refait !

— Oui, naturellement, je vais m'en occuper. »

Le temps avait passé et sa mère ne lui avait jamais donné le document. Il s'était procuré de son propre chef des extraits d'acte de naissance. Et c'est ainsi qu'il avait appris qu'à sa naissance, son père ne l'avait pas reconnu. Bien sûr, il avait voulu en connaître les raisons et avait questionné sa mère à ce sujet. « Oui, tu sais, c'était courant à l'époque. On tombait enceinte avant de se marier… Voilà tout ! »

La réponse lui avait semblé équivoque. Mais il connaissait sa mère : quand elle désirait garder secret quelque chose, elle était plus forte que tous les services de renseignements de la terre réunis, un vrai KGB, FBI ou Stasi à elle toute seule. Aussi n'avait-il jamais insisté. En n'allant pas le déclarer à la mairie comme tout bon père qui se respecte, le sien lui avait signifié son mépris depuis sa naissance.

Il regarda alors de plus près le document qu'il tenait entre les mains. Chose étrange : ses parents s'étaient mariés seulement en 1967, soit trois ans après sa naissance. Pourquoi avaient-ils attendu aussi longtemps ? Sa mère avait ajouté un mot manuscrit au versant du document.

Cher Hervé,
J'ai longtemps hésité à te confier ce secret lié à tes origines. Cette révélation alors que tu auras bientôt 43 ans te semblera certainement brutale. Mais, elle donnera également un sens à notre disparition soudaine. Je ne peux pas encore tout te révéler… Mais voici l'essentiel. Avant de rencontrer ton père, j'ai connu un homme, brillant chef d'entreprise. J'étais folle de lui… Au moment, où j'allais lui annoncer ma grossesse, il m'a dit qu'il allait se marier à une autre. Je n'ai pas eu le courage de briser son mariage et je ne l'ai jamais informé de ton existence. J'ai rencontré au même moment Claude, ton père officiel… et lui ai fait croire que tu étais son fils. Je pense qu'il s'est toujours douté que tu n'étais pas son enfant… mais par amour pour moi, il a fermé les yeux pour finalement me demander en mariage deux ans et demi après ta

naissance. Suite à un accident de voiture, Claude se trouve aujourd'hui dans le coma. Ne cherche pas à me retrouver. Je te ferai signe le moment venu.

Ta mère.

Voilà qui soudain expliquait tout de son père ! Sa jalousie, son mépris pour sa réussite, et bien d'autres choses encore. Hervé sentit soudain une vieille blessure s'atténuer. Mais également une nouvelle apparaître : qui était donc ce brillant chef d'entreprise qui n'avait pas voulu faire sa vie avec sa mère et l'avait ainsi privé d'un père aimant ?

Et alors qu'Hervé révisait les origines de son existence, son portable vibra. Un numéro secret s'affichait sur l'écran. Sur le coup, il eut l'espoir que ce soit sa mère qui l'appelle à cet instant précis… En décrochant, Hervé reconnut immédiatement cette voix. À l'autre bout du fil, Pascal Leblanc, qui l'appelait depuis une ligne privée de l'hôpital, lui demanda comment il allait. Et il ne mit guère de temps à deviner que pour Hervé Treil, le monde venait de s'écrouler une nouvelle fois.

« Pas terrible, Docteur ! Je viens de vomir tout mon repas !

— Écoutez Hervé, j'ai terminé mon service, souhaitez-vous que je vous rende visite ?

— Vous feriez cela, Docteur ? »

Hervé avait besoin d'évacuer les différents chocs de la journée. À l'issue de cette journée, il se sentait cabossé, comme une voiture après un choc violent. Il avait reçu tant de coups ce jour-là ! Comment distinguer entre toutes ces blessures la plus douloureuse ? Le départ de sa femme, le mensonge sur ses origines, et Françoise, qui cherchait peut-être discrètement à se débarrasser de ses services en passant par un consultant ? Sans compter ce mal de crâne qui devenait de plus en plus lancinant malgré le traitement… Il savait ô combien l'écoute de Pascal était précieuse pour panser les plaies.

À peine, quinze minutes plus tard, Pascal sonnait à la porte. La pâleur d'Hervé lui sauta aux yeux ! « Venez, je vais prendre votre tension ! ». Le tensiomètre afficha un beau 16/10 !

« Vous avez toujours eu de la tension ainsi ?

— Non, pas du tout ! La dernière fois, c'était lors de la naissance d'Aurélien.

— Lise n'est pas là ?

— Elle vient de me quitter !

— Ah je comprends mieux ! Vous allez rester allongé un moment, nous allons vérifier pour voir si elle redescend.

— Lise ? Mais, non, je vous ai dit Docteur qu'elle venait de me quitter ! Elle a fait ses valises et est partie, il y a deux heures maintenant, chez cette amie thérapeute ! Je suis sûre que cette femme lui a monté la tête contre moi. Elle m'a dit qu'elle voulait réfléchir ! Mais réfléchir à quoi ? Cela fait plus de vingt ans que nous vivons ensemble maintenant ! Nous avons presque failli perdre Aurélien, et au moment où tout s'arrange, Madame décide de prendre des vacances existentielles ! N'importe quoi ! »

Pascal se racla un peu la gorge :

« Mais, non Hervé, votre tension !

— Eh bien quoi ma tension ?

— Je veux vérifier qu'elle redescende bien ! Allongez-vous là, sur le canapé ! »

Hervé s'exécuta aussitôt. Pascal prit une chaise pour s'asseoir à côté de lui.

« Oh, je suis confus Docteur ! Vous savez, cette journée a été atroce… Guillaume, Françoise, ma femme, et maintenant ma mère qui s'en mêle aussi ! »

— Allons bon ? Que se passe-t-il avec votre mère ?

— Une histoire bien longue, Docteur ! Je ne voudrais pas vous ennuyer avec ma vie !

— Mais non, voyons !

— S'il vous plaît, cela doit vraiment rester entre nous. Aurélien ne sait rien de tout cela… Voilà, j'ai appris ce soir que mon père n'était pas mon père.

— Ah oui, je comprends. Tous ces chocs dans une journée ! C'est terrible, vous devez vous sentir complètement effondré ! »

Pascal Leblanc n'était pas psychologue, mais il comprenait les blessures de l'âme, du moins savait-il les écouter et les reconnaître. Il avait saisi depuis longtemps qu'elles avaient le pouvoir d'ouvrir une brèche béante à toutes sortes de maladies, aussi les considérait-il déterminantes dans le processus de la guérison.

« Sans doute aurais-je dû en parler depuis longtemps à Aurélien.

— Mais vous ne le pouviez pas !

— Mon fils veut savoir depuis longtemps qui sont ses grands-parents !

— Il ne les a jamais rencontrés ?

— Mon père – enfin celui que je croyais être mon père – et ma mère ont disparu juste après la naissance d'Aurélien. Mes parents l'ont vu une seule fois bébé, à la maternité. Mon fils ne les a donc jamais connus. En revanche, il a demandé plusieurs fois à les rencontrer. Enfant, souvent, il posait des questions sur eux. Je les éludais à chaque fois, une par une. Nous nous sommes disputés si souvent à cause de ce sujet épineux. Au fond, je crois que je lui en voulais de toucher du doigt cette blessure béante. J'ai été si injuste avec lui ! Jamais il ne me pardonnera cela !

— Mais si, voyons !

— Non, non ! »

Hervé Treil s'était soudain mis à pleurer comme un enfant. Il reniflait bruyamment. Mais il y avait à le regarder quelque chose de touchant dans cet être qui lui avait été décrit plusieurs fois comme un homme sans cœur, capable de pousser ses employés au bord du burn-out et de la crise cardiaque. Combien d'erreurs commettaient les hommes en jugeant sans cesse leur prochain, quand parfois, il suffisait de lire dans leur cœur pour mieux les comprendre. Il se dit alors que tout aussi terrible que le fléau de la pauvreté, il en existait un autre tout aussi dévastateur : la misère affective. Pour en arriver à « déverser » le stress autour de lui, Hervé avait dû souffrir d'un terrible manque d'amour, ce qui l'avait amené depuis toujours à vivre dans la peur. Peur du jugement et de la critique, peur du manque en tout genre, peur des autres, peur de perdre sa place, etc. Les craintes à l'origine du stress étaient infinies, mais leur dénominateur commun n'était-il pas tout simplement un manque d'amour et de confiance terrible ?

Un homme vivant dans la peur était donc tout aussi néfaste pour la cohésion de la société qu'un homme manquant d'argent. Et au risque de paraître un peu simpliste, Pascal était absolument persuadé de la justesse de cette équation : au lieu de se battre les uns contre les autres pour un peu d'amour ou d'argent, ces deux genres de personnages pouvaient être complémentaires et générateurs de cohésion sociale ! Les uns pouvant redistribuer un peu de leur argent et les autres leur insuffler un sentiment de reconnaissance infinie et améliorer dans la foulée leur piètre estime de soi ! Pascal Leblanc pensa alors soudain à Jean Valjean, qui représentait pour lui cet homme rare devenu sage qui avait tiré des leçons de la vie. Et il eut une pensée émue pour son père, Victor Hugo, un autre visionnaire.

« Vous savez, Hervé, rien n'est jamais trop tard dans la vie. Votre première richesse est votre santé. Tant que vous l'avez, tout peut s'arranger, y compris les plus grosses erreurs. Aurélien a tant besoin de vous aujourd'hui… Il est temps de lui parler et de lui confier tout ce que vous avez sur le cœur. Pardonnez-vous vos erreurs, Hervé, la bienveillance commence par soi avant de pouvoir se répandre autour de soi. Et puis pour le reste, vous trouverez bien une solution plus tard... Je vous fais confiance. »

Ces mots avaient touché Hervé au plus profond de lui. Ils avaient ouvert une fenêtre par laquelle il n'avait encore jamais regardé. Il sentit alors l'espoir revenir en lui. Et son mal de crâne lui parut bien plus supportable.

« 13/9 !

— Quoi ?

— 13/9 ! Votre tension est redescendue ! Une bonne nuit de sommeil, et tout rentrera dans l'ordre demain. Je vous laisse ! Soignez-vous !

— Mille mercis, Docteur !

— Ah oui, j'oubliais, dites à Françoise Entier que j'accepte avec joie son invitation d'intervenir à Plasticar. Pour le rendez-vous, son heure sera la mienne. »

En entendant cette dernière phrase, Hervé fit un bond. Il se demanda alors, soudain, s'il n'avait pas introduit le loup dans la bergerie. Mais il se ressaisit aussi vite, il était tard, et il voyait tout en noir. Jamais Pascal Leblanc ne ferait quoi que ce soit pour lui faire quitter son poste. Il avait été jusqu'à présent si bon avec lui. Cela ne lui ressemblait pas !

30

7 août 2007, 18 heures

C'était une chaude soirée d'été. Le soleil pointait encore assez haut dans le ciel, mais les rayons semblaient soudain plus supportables. Cela faisait à présent un peu plus d'un mois qu'Aurélien se trouvait à l'hôpital. Il avait récupéré toutes ses capacités pulmonaires. Il lui restait cinq jours avant de rentrer chez lui. Bien sûr, il devrait passer quelques examens de contrôle, prévus deux semaines plus tard, pour s'assurer que tout allait bien. Pour se préparer à son retour à la maison et sur les conseils de l'infirmière, il était sorti dans la cour pour s'aérer. Hervé s'était assis à côté de lui sur un banc, à l'ombre d'un grand chêne centenaire. Pour le père comme pour le fils, c'était une première. Jamais de sa vie Hervé n'avait pris ce temps pour Aurélien. Il avait tant de choses à lui dire, qu'il ne savait par quel sujet commencer. Aussi préféra-t-il dans un premier temps parler de la pluie et du beau temps.

« Maman est passée me voir, hier soir vers 20 heures.

— Ah ! Tu es au courant alors !

— Vous allez vraiment vous séparer ?

— Je ne le souhaite pas. Il ne s'agit pour le moment que d'un petit break.

— Ce n'est pas ce qu'elle m'a fait comprendre !

— Ah bon… Eh bien nous verrons ! »

Hervé avait refermé ce premier sujet de discussion volontairement. Il lui semblait que ses histoires de couple ne regardaient pas son fils. Du moins ne souhaitait-il pas donner à Aurélien une place de médiateur dans cette affaire aussi délicate que douloureuse, ce n'était pas son rôle.

« Mouais, toujours aussi énigmatique à ce que je vois ! J'aurais dû m'en douter. Rien n'a changé !

— Qu'entends-tu par-là ?

— Que les chiens ne font pas des chats ! »

Aurélien avait prononcé cette phrase machinalement, sans réfléchir à sa signification, à l'image d'un automate. En l'entendant, Hervé pensa soudain au père qui l'avait élevé et il eut envie de gifler son fils. Mais il se retint.

« Écoute Aurélien, il est grand temps que je te confie un secret. »

Surpris, le jeune homme se redressa sur le banc et tendit l'oreille.

« Je t'écoute !

— Voilà, tes grands-parents… »

Les yeux d'Aurélien s'ouvrirent encore davantage, de façon à ne perdre aucun détail de cette conversation, il attendait ce moment depuis si longtemps !

« Je vais les connaître ? Où sont-ils ?

— Pas pour le moment, Aurélien.

— Je ne comprends pas.

— J'ai appris hier que mon père biologique était mort, il y a deux ans.

— Ton père biologique ?

— Oui, Aurélien. J'ai eu deux pères : un officiel et un officieux. Je commence par l'officieux. Mon géniteur, si tu préfères. Ma mère était très amoureuse d'un homme, chef d'entreprise brillant, selon elle. Elle est tombée enceinte de lui. Malheureusement, cet homme s'est marié avec une autre et il n'a jamais connu mon existence. Jusqu'à hier, je n'avais jamais entendu cette histoire.

— Comment l'as-tu apprise ?

— Hier, alors que ta mère venait de me quitter, j'étais assis…

— À ton bureau…

— Oui, c'est cela Aurélien, j'étais assis à mon bureau. Et soudain, sur la table, j'ai vu une enveloppe avec l'écriture de ma mère, postée de Bordeaux. Comme tu le sais déjà, je ne vois plus mes parents depuis longtemps. En fait, environ depuis ta naissance. Après nous être disputés, ils ont disparu de ma vie complètement, sans laisser d'adresse. Et je n'ai jamais su où ils étaient partis. Ni où ils se trouvaient.

— Pourquoi ne m'as-tu jamais expliqué cela auparavant ?

— Je sais, Aurélien, je suis vraiment désolé ! Cette disparition et cette dispute ont été si violentes pour moi, que j'étais incapable d'en parler. Quand j'ai compris qu'ils avaient disparu pour de bon, cela m'a rendu fou ! Tu comprends, toute ma vie, mon père, m'a fait comprendre que je ne valais rien. Et là sa disparition, c'était comme me dire : « Non seulement tu ne vaux rien, mais tu n'es rien pour nous non plus ! Je me retrouvais sans parents. Alors quand j'ai rencontré Bernard et Françoise Entier, c'est bête à dire, mais quelque part, j'ai eu le sentiment de retrouver une famille. Ils n'avaient pas eu d'enfants et Bernard me traitait vraiment comme un vrai fils. J'aurais fait n'importe quoi pour leur faire plaisir. Et pour la première fois de ma vie, je me suis senti valable pour quelqu'un ! Tu comprends Aurélien, je me sentais enfin exister ! Alors toutes ces années, quand tu essayais de connaître tes grands-parents, c'était trop douloureux, je ne voulais plus en entendre parler… À la mort de Bernard, j'ai eu le sentiment de perdre mon propre père ! Aurélien, c'était horrible ! Je te demande pardon, je n'ai pas su faire autrement que de me taire, je n'avais pas la force de répondre à toutes tes questions ! Je m'en veux tellement, si tu savais ! »

Hervé pleurait à chaudes larmes… Et de le voir s'effondrer ainsi, Aurélien sentit son cœur fondre. Pour la première fois de sa vie, il découvrait la sensibilité de son père et il se sentit ému de la confiance qu'il lui accordait. L'espace d'un moment, il eut envie de le serrer fort dans ses bras, mais la pudeur le retint, aussi se contenta-t-il de passer une main sur son dos en signe d'affection et surtout de pardon. Quand Hervé releva la tête, son regard croisa celui d'Aurélien :

« Tu me pardonnes Aurélien ?

— Bien sûr, papa, tu es déjà pardonné ! Je t'aime très fort ! »

Alors pour la première fois de sa vie, Hervé se sentit libre de serrer son fils fort dans ses bras. Et ils restèrent ainsi un bon moment l'un contre l'autre. « Moi aussi, mon fils, je t'aime très fort ! Tu es ce que j'ai fait de mieux dans ma vie ! »

Quand ils se regardèrent à nouveau, tous deux étaient en larmes, alors ils explosèrent de rire ! Tous les patients dans la cour les dévisagèrent et leur joie les emplit d'un bonheur éphémère. D'aucuns sourirent, d'autres les envièrent de si bien s'entendre ! Tous s'attendrirent de cette scène touchante.

« Dis-moi papa, que comptes-tu faire à présent ? Vas-tu tenter de retrouver ta mère pour connaître la véritable identité de ton père ?

— Je ne sais pas. Vois-tu, j'ai tant de choses à régler encore au travail et avec ta mère, avant tout, que ce chapitre ne fait pas vraiment partie de mes priorités.

— Mais moi, papa, JE VEUX SAVOIR ! »

Un silence s'abattit soudain entre eux deux. Puis Aurélien reprit la parole :

« Laisse-moi aller à Bordeaux pour la retrouver !

— Tu vas bientôt reprendre les cours Aurélien et cette année, hors de question de rater ton bac à nouveau, c'est une dernière chance que tu as !

— Oui, à ce propos, j'ai parlé avec Pascal Leblanc ! Il m'a proposé de m'aider à réaliser mon rêve de devenir médecin.

— Tu veux devenir médecin ?

— Eh oui... En parlant avec lui, c'est devenu vraiment une évidence ! Pascal Leblanc m'a fait comprendre qu'en reprenant confiance en moi, j'y arriverai... Et surtout, il va m'aider !

— Pourquoi ne m'as-tu jamais parlé de ce projet ?

— Tu me répétais sans cesse que j'étais un bon à rien... un mec qui devait "se sortir les doigts du cul !" Papa promets-moi une chose !

— Dis-moi !

— Fini cette expression ridicule, s'il te plaît ! »

Hervé baissa les yeux à nouveau. Il se sentait d'un coup honteux de ne pas avoir reconnu plus tôt la vraie valeur de son fils. Il semblait tellement plus intelligent que lui. Et surtout, lui qui avait tant souffert du mépris de son père... comment avait-il pu reproduire exactement le même schéma sur son fils ! Il fallait vraiment changer... et vite. Pascal Leblanc avait raison, toutes les erreurs pouvaient se rattraper, tant que la santé était là, tout était possible !

« Bien sûr, mon chéri, je te le promets !

— Bon eh bien, reprit Aurélien en explosant de rire, maintenant, on va se sortir les doigts du cul pour aller chercher mamie ! J'ai un mois devant moi avant de reprendre le lycée pour la retrouver ! Tu m'aides ? »

En signe d'approbation, Hervé dodelina énergétiquement la tête. Il devait bien cela à son fils !

31

17 septembre 2007, 17 heures

« Travail provient du mot latin *trepalium*, instrument de torture, releva Françoise Entier, devenue depuis le décès de Bernard la principale actionnaire de l'entreprise et l'une des personnes qui pesait certainement le plus lourd dans les décisions prises par ce comité de direction qui réunissait en tout cinq personnes. Ce jour-là, Françoise avait invité Pascal Leblanc à se joindre à eux. « Pascal, pouvez-vous nous expliquer comment on peut réunir les mots "travail" et "bien-être", qui semblent *a priori* un peu antagonistes ? » Surpris par l'orientation de la discussion, Hervé écarquilla les yeux.

Quinze jours plus tôt, le 3 septembre, Pascal avait rencontré Françoise. C'était leur troisième réunion, l'une des plus importantes, destinée à organiser cette réunion. Tous deux avaient longuement parlé de la stratégie à mettre au point pour redresser Plasticar et sortir l'entreprise de l'impasse dans laquelle elle se trouvait. Si Hervé avait assisté au début de leur rencontre, Françoise s'était habilement débrouillée pour la terminer entre quatre yeux avec Pascal. Et c'était de toute façon pour son bien, car, ce jour-là, Hervé prenait le train avec Aurélien pour retrouver sa mère, après plus de dix-huit ans de séparation.

« Vous êtes d'avis, Pascal, n'est-ce pas, que ces deux mots n'ont rien d'antagoniste, à condition toutefois d'adopter un management "bienveillant", non ? » Dans la salle du Codir, un silence de plomb se fit. Tous les regards se rivèrent vers Pascal. Intimidé, il reprit son souffle et se lança dans son explication : « Peut-être connaissez-vous la fable des tailleurs de pierres, attribuée à Charles Péguy ? Au Moyen Âge, des tailleurs de pierre travaillaient sur un chantier. Un jour, un homme curieux interrogea l'un d'entre eux. "Pourquoi travaillez-vous ici ? » Un premier ouvrier se plaignit : "Fichu travail ! À force de casser des pierres, j'ai mal au dos, j'ai soif et j'ai faim. Mais je n'ai rien trouvé d'autre comme boulot !" Un deuxième expliqua : "C'est dur, vous savez, mais cette activité me permet de nourrir mes enfants et ma famille !" Enfin le troisième, qui avait la réputation de toujours abattre un travail colossal, s'exclama fièrement : "Moi, je bâtis une cathédrale !" Lequel de ces trois hommes, pensez-vous, était le plus épanoui sur le chantier ?

— Le troisième, bien sûr ! répondit Françoise, sans aucune hésitation.

— Le troisième, c'est exact ! Et savez-vous pourquoi ? »

Silence à nouveau dans la salle !

« Il avait compris le sens de son travail, reprit Pascal. Oui, l'homme qui casse des pierres souffre ! Mais celui qui bâtit des cathédrales sait à quoi sert son job et il se sent plus épanoui ! Donner du sens diminue le niveau de stress et permet d'améliorer la santé des collaborateurs. Pendant la Seconde Guerre mondiale, le Docteur Viktor Frankl, psychiatre, qui avait été déporté à Auschwitz, observa un phénomène étrange. Dans le camp, les plus chétifs ne mouraient pas systématiquement plus vite que les plus robustes. La raison en était simple : s'ils avaient une vie intérieure riche, les plus frêles survivaient plus longtemps que les plus forts. C'est à partir de son expérience dans les camps de concentration, que le Docteur Frankl fonda sa théorie du sens, ou encore sa logothérapie. L'homme survit en donnant un sens à sa vie et cela est possible même dans un camp de concentration ! Je dirais que c'est un facteur important de protection contre les effets du stress ! Aujourd'hui, le Docteur Pierre Gagnon, oncologue québécois, qui a repris cette thèse, aide ses patients atteints de cancer à mieux vivre leur maladie en donnant un sens à leur vie. Et cela marche ! Donner du sens à son travail représente un puissant levier pour abaisser le niveau de stress des collaborateurs ainsi que pour augmenter leurs performances et leur épanouissement ! Voyez-vous, plus vous augmentez les émotions positives des personnes que vous engagez et plus ces deux mots "travail" et "bien-être" vont de pair.

— N'est-ce pas impressionnant ?, s'exclama Françoise.

— Comment fait-on pour augmenter les émotions positives chez un collaborateur et surtout abaisser les émotions négatives ?, questionna un membre du Codir.

— Premièrement, donner du sens et un but à son travail. Ensuite accordez-lui un juste degré d'autonomie pour réaliser sa tâche – il est toujours plus stressant de se trouver dans le rôle de passager que de conducteur de sa voiture ! De plus, c'est un signe de confiance que vous lui accordez et c'est très motivant. Fixez des objectifs à un niveau accessible et ambitieux. Témoignez-lui de la gratitude, encouragez-le et faites preuve d'optimisme. Et pour diminuer les émotions négatives, il est très important de cultiver le sentiment de justice et reconnaître, si cela a été le cas en tant que manager, vos maladresses !

— Chers membres du Codir, reprit Françoise Entier, il est grand temps pour nous à Plasticar de rappeler à nos équipes le sens de leur travail et de les motiver à nouveau. Personnellement, je trouve cette approche absolument passionnante. Pascal vous a donné ici un avant-goût de sa méthode pour remotiver nos troupes. Il va à présent vous remettre à tous une copie de son rapport entier qu'il m'a adressé il y a quelques jours pour redresser la situation à Plasticar. Vous y trouverez les coûts chiffrés du stress dans notre entreprise. Grâce à Pascal, nous allons pouvoir emprunter cette voie qui allie santé et succès. Et c'est Hervé, si vous le voulez bien, qui pilotera le projet directement avec Pascal, en trois étapes différentes : former les managers, trouver les volontaires qui rédigeront un guide pratique sur la bienveillance au travail, enfin former un réseau de "bienveilleurs". Que tous nos managers adoptent ces comportements s'avère pour moi un enjeu majeur !

— Vous avez absolument raison Françoise !, approuva un autre membre du Codir.

— Je suis complètement d'accord, s'enthousiasma un deuxième, puis un troisième.

— Nous sommes ainsi tous d'accord, reprit Françoise. Fini le rendement lubrifié à l'adrénaline ! Je n'en veux plus. Il détruit les hommes et les femmes en les conduisant à l'échec. Adoptons de suite ce management bienveillant et je suis certaine, tout ira bien mieux dans notre entreprise ! »

Hormis Hervé, les quatre autres membres du Codir semblaient absolument ravis de cette initiative. Françoise ajouta : « Nous allons donner également un coup de main à Pascal pour créer son entreprise, qu'il a choisi d'appeler Enthéos ! » Tous les membres du Codir, se mirent à applaudir en chœur Pascal Leblanc et Françoise Entier. Pour la première fois depuis la mort du fondateur, le comité de direction de l'entreprise prenait un air de fête. L'espoir renaissait ! Pour clôturer la réunion, Françoise avait sabré une bouteille de champagne ; tous les membres y allèrent de leur petite plaisanterie.

Adossé contre un mur, seul Hervé semblait encore très tendu. Personne ne lui avait jamais adressé aucun reproche sur son mode de management. Mais bien évidemment, il n'était pas fou ! Il n'y avait qu'à entendre cette dernière remarque de Françoise :

« Fini le rendement lubrifié à l'adrénaline ! » Qu'entendait-elle par-là ? Qu'il avait brisé les employés ! Il quitta discrètement la salle. Et d'humeur sombre, il se dirigea vers le parking de l'entreprise avec sa petite idée en tête. Il avait commis des erreurs dans son mode de management. Mais il comptait bien les réparer. Et ce, au plus vite.

32

17 septembre 2007, 18h30

Le moteur vrombit et la voiture d'Hervé s'élança sur la route. À la radio, il écoutait une fois de plus les informations. Mais elles n'avaient pour lui aucun sens. Il se demanda à quoi bon tout ce brouhaha en arrière-fond, mais il préférait ce bruit mélodramatique à un silence reposant. Au moins le laissait-il en alerte. Mais ce jour-là, les journalistes auraient pu annoncer la fin du monde, il s'en fichait bien. Alors que les Bleus avaient écrasé la Namibie et que l'auteur des coups de feu qui avaient fait deux blessés au cours d'une bagarre entre deux bandes, l'avant-veille, au centre commercial de Thiais, avait reconnu les faits, tout le laissait parfaitement indifférent. Désormais, il ne pensait plus qu'à une seule chose : réparer ses erreurs pour se libérer de son passé. Hervé avait choisi de donner un nouveau sens à sa vie : il désirait vivre dans la bienveillance et s'il voulait être cohérent, il devait avant tout appliquer ce précepte à sa propre personne. La vitesse de ce changement de paradigme avait atteint son paroxysme. La vie d'Hervé avait pris un véritable goût de rédemption.

Il avait commencé ce véritable voyage initiatique en se rendant à Bordeaux avec Aurélien le 3 septembre. Retrouver puis convaincre sa mère d'accepter de le revoir en présence de son fils avait constitué une étape décisive. Il avait dû insister plusieurs fois avant qu'elle n'accepte finalement de les recevoir. Et la revoir, après dix-huit longues années de séparation, avait représenté un cap de non-retour dans son existence, surtout, lorsqu'il avait appris que Claude, le père qui l'avait élevé, n'en avait plus vraiment pour longtemps. Avec Aurélien, ils étaient allés ensemble à l'hôpital pour lui rendre visite. Dans le coma, Claude n'avait plus conscience de rien, mais Hervé savait bien à présent comment s'adresser aux gens dans pareilles circonstances. Il avait pu alors lui dire tout ce qu'il avait sur le cœur et il était ressorti de la chambre bien plus léger.

Pour sa mère, la rencontre s'était révélée un peu plus douloureuse… Quand Aurélien avait questionné sa grand-mère, sur la véritable identité de son grand-père, elle s'était raidie. Cette réaction n'avait pas du tout plu au jeune homme. Et lorsqu'Hervé lui avait demandé pourquoi ils avaient décidé de disparaître ainsi de sa vie, elle n'avait pas répondu davantage. Père et fils étaient revenus à Oyonnax, déçus, surtout Hervé. Il aurait tant aimé élucider ce mystère et contenter Aurélien ! Sa mère avait souligné que tout arrivait en temps pour qui savait attendre ! Drôle de conception de la vie ! Sa compréhension et sa compassion pour eux semblaient visiblement avoisiner le degré zéro. Ou tout simplement ne disposait-elle d'aucune de ces capacités.

« Une vraie conne ! », avait lancé rageusement Aurélien dans le train du retour. Cette grand-mère, qu'il s'était imaginée moult fois depuis son enfance, l'avait tant déçu. Durant toute leur rencontre, elle n'avait eu aucun geste d'affection pour lui. Et elle n'avait montré par ailleurs aucun élan de joie ni d'intérêt quelconque en découvrant son petit-fils. Ce détail avait terriblement choqué Hervé. Elle n'avait pas manifesté non plus un enthousiasme fou à revoir son propre fils ! Cet aspect de leur rencontre le torturait à présent beaucoup. Mais une chose était devenue absolument sûre pour lui : il ne voulait plus ressembler à ces étranges parents et cela passait pour lui par la réparation de tous ses torts ! Hervé s'était imaginé qu'en agissant de la sorte, Aurélien pourrait devenir fier de son père, et c'était à présent tout ce qui comptait pour lui. Sur le trajet de retour à Oyonnax, père et fils avaient discuté à cœur ouvert et ce rapprochement avait finalement constitué l'élément le plus positif de ce déplacement. Aurélien avait confié à son père l'histoire d'amour qu'il avait vécue avec Émilie, la maman de Guillaume… À cause de la différence d'âge, l'affaire avait au départ surpris Hervé. Mais après tout, cette aventure n'avait rien de dramatique, bien au contraire, Hervé la considérait comme un apprentissage pour son fils, il en était même fier. Mais évidemment, il la voyait avec ses yeux d'homme, certainement que sa mère n'en aurait pas dit autant.

Aurélien révéla également à Hervé les difficultés qu'il avait traversées au lycée du fait de son statut de fils « de trouduc ». Bien qu'il ait longuement hésité à lui confier ce traumatisme, il avait finalement osé s'épancher sur son ressenti, dont il avait déjà parlé auparavant à Pascal Leblanc. Ce dernier lui avait conseillé d'en parler à son père, quand il se sentirait prêt et Aurélien avait jugé le moment des plus propices. Hervé était assis à côté de lui dans le train. Tous deux discutaient tranquillement comme deux amis.

« Je ne t'ai jamais dit cela papa, mais tu sais, au lycée, j'étais devenu un véritable paria !

— Comment ça ? Tu as été harcelé ?

— Oui, en quelque sorte ! Tout le monde se moquait de moi à cause de cette expression que tu utilisais tout le temps à l'entreprise.

— Mais tu aurais dû m'en parler plus tôt ! Je serais intervenu, nous aurions trouvé une solution, peut-être t'aurions-nous changé d'établissement.

— Papa, je n'existais pas pour toi ! Seules mes notes t'intéressaient alors. Au début Franck, le petit frère de Guillaume, me soutenait. Et Émilie a passé tant de temps à m'écouter. Mais quand tu as déversé tout ton stress sur son fils en le menaçant de le renvoyer, je crois que c'est à ce moment-là, qu'elle a commencé à prendre ses distances. »

Quel idiot Hervé avait été ! Il n'avait rien vu, rien senti, rien entendu ! Un véritable aveugle, et encore, l'expression était mal trouvée, les aveugles étaient des gens comme les autres, parfois même plus sensibles que la moyenne ! Hervé ne valait guère mieux que ses parents. Une fois de plus, il se sentit absolument minable. Il repensa alors à Guillaume en larmes sur le parking et se dit qu'il devait absolument réparer ses fautes : pour son jeune employé, pour Aurélien, et pour lui également. Cette image d'homme insensible, cruel, vulgaire, qui manageait ses hommes à l'adrénaline, il n'en voulait plus. Il décida de jeter ce vieux costume au rebut. S'il lui avait servi naguère pour anesthésier ses douleurs, il ne lui était aujourd'hui plus d'aucune utilité.

« Je t'en ai tellement voulu papa à cause de cela !

— Aurélien, je te comprends aujourd'hui, bien plus que tu ne peux l'imaginer. Si tu savais comme je m'en veux ! Tu vois dans la vie, tout finit par se payer ! Mes dettes aujourd'hui s'avèrent colossales ! Mais je te promets une chose, mon fils : je vais les acquitter les unes après les autres, jusqu'à la dernière. »

Ces mots avaient ému Aurélien. Mais, il les trouvait en même temps fort inquiétants. Connaissant son père, il pouvait passer facilement d'un extrême à l'autre, sans commune mesure. Qu'allait-il à présent inventer ?

« Que vas-tu faire, Papa ?

— Tu verras !

— Chaque chose arrive en son temps pour qui sait attendre ? », avait plaisanté Aurélien, en le dévisageant avec ce regard intelligent que son père avait si mal jugé pendant des années.

Trop tard, Hervé était déjà absorbé dans ses pensées, il n'avait pas relevé la boutade ! Lorsque le train marqua son arrêt à la gare d'Oyonnax, Hervé avait déjà élaboré une nouvelle stratégie. Et aujourd'hui, il comptait bien la mettre en application.

*

Arrivé dans la cité de Guillaume, Hervé ralentit son bolide. Il trouva une place immédiatement sur le parking pour se garer. Trois jeunes faisaient le pied de grue devant l'entrée de l'immeuble. À son passage, ils ne purent s'empêcher de lancer en chœur : « Après le fils, c'est au tour de papa "trouduc" de kiffer la cité ! Elle va être contente Émilie ! » Tous trois explosèrent de rire, très fiers de leur plaisanterie lourde de sous-entendus. Et Hervé n'eut qu'une envie : casser la figure à ces blancs-becs ! La tension monta d'un cran, quand tous trois se mirent à hurler à tue-tête avec leur accent des cités : « Eh Guillaume ! Prépare-toi ! Trouduc arrive ! »

Mais comme Hervé n'était pas sur son territoire, il jugea plus avisé de faire profil bas. Il passa face à eux en simulant une parfaite indifférence. Et quand il pénétra dans le vestibule de l'immeuble, il se demanda un instant si vraiment, il n'avait pas surestimé ses capacités : pourquoi s'était-il imposé cette galère ? Il aurait été tellement plus avisé de convoquer Guillaume dans son bureau ! Mais il prit son courage à deux mains. Heureusement, il trouva facilement l'étage, inscrit sur la boîte aux lettres. Il grimpa les escaliers quatre à quatre. Arrivé sur le palier, il eut un moment d'hésitation pour trouver la bonne porte, mais, elle ne fut que de courte durée, le nom de famille figurait dessus. Il sonna une première fois, puis une deuxième. Rien ! Une troisième fois ! Toujours rien. Il comprit soudain que la sonnette ne marchait pas, alors il frappa, d'abord discrètement, puis un peu moins. Finalement, la porte s'entrouvrit. Il découvrit le visage d'une femme coquette et attirante, âgée environ de 40 ans, certainement Émilie.

« Vous cherchez quelqu'un ?

— J'aimerais parler à Guillaume Duvert ! »

Émilie n'avait jamais rencontré Hervé Treil auparavant, ni vu sa photo. Mais l'espace d'un moment, le visage de cet homme lui parut familier. Il lui fallut un peu de temps pour comprendre qu'il s'agissait du père d'Aurélien. Physiquement, son fils lui ressemblait tant ! Et quand enfin, elle comprit qui il était, son teint vira au rouge.

« Vous êtes ? dit-elle, hypocrite.

— Hervé Treil, son patron !

— Il est sorti acheter une baguette, il ne devrait plus tarder à revenir, voulez-vous patienter un moment ?

— Oui, s'il vous plaît ! J'ai besoin de lui parler, c'est urgent !

— Il n'est pas venu travailler aujourd'hui ?

— Non, non, au contraire. Il ne s'agit pas du tout de cela ! Rassurez-vous ! »

Émilie installa Hervé dans le salon et lui proposa une boisson.

« Je n'ai pas grand-chose, mais peut-être un coca vous ferait plaisir ?

— Oui, volontiers ! »

Hervé ne buvait jamais ce genre de boisson. Pour cause, Lise lui répétait depuis des années à l'envi et régulièrement la quantité de sucre dissimulée à l'intérieur. Pas moins de vingt morceaux par verre, selon elle… Un désastre pour la santé ! Mais en pareilles circonstances, il lui sembla plus convenable de passer outre les recommandations de son épouse, disparue de sa vie pour vivre avec une femme thérapeute ! Au diable la diététique, pensa-t-il soudain. En outre, Émilie semblait si charmante qu'il était difficile de se montrer regardant sur son invitation. Il but ainsi avec plaisir ce soda prohibé, et s'en délecta.

« J'ai su pour votre fils ! Guillaume m'a dit qu'il allait mieux, est-ce exact ?

— Oui, je vous remercie, il est sorti d'affaire !

— J'ose à peine imaginer par quoi vous êtes passé. Cela a dû constituer une rude épreuve pour vous et votre femme, vous êtes marié, n'est-ce pas ? »

Émilie mentait si mal ! Mais Hervé n'avait aucune envie d'entrer dans les détails de la relation intime qu'elle avait entretenue avec son fils. Aussi joua-t-il la carte du *quiproquo*. Après tout, elle n'était pas censée savoir qu'il s'était rapproché comme jamais d'Aurélien. Mais le malaise entre eux deux était palpable. Un silence pesant clouait chacune de leur tentative de conversation. En vérité, ils ne savaient pas vraiment quoi se dire.

Un mois et demi auparavant, quand Émilie avait appris la tentative de suicide d'Aurélien, elle avait terriblement culpabilisé. Il lui fallut longtemps avant de s'auto-persuader que personne n'était jamais responsable du suicide de personne, que si les gens attentaient à leurs jours, ils en avaient pris la décision, seuls… Elle n'avait jamais persuadé Aurélien de se jeter à 90 km à l'heure en voiture contre un arbre. Afin de ne pas susciter chez lui de faux espoirs, elle préféra ne pas se manifester, car elle ne se serait remise avec lui en aucun cas. Aussi s'était-elle informée de l'état de son ex-petit ami au fur et à mesure auprès de Guillaume, son aîné, qui en avait également lourd sur la conscience.

Quand ce dernier arriva enfin et qu'il aperçut Hervé Treil, à moitié avachi sur le canapé au beau milieu de son salon, il se frotta les yeux, pensant souffrir de visions aussi improbables qu'étranges. Mais, non, la cigarette légèrement parfumée à la marijuana qu'il venait de fumer dehors avec ses amis de la cité ne lui avait pas donné d'hallucinations. Son patron se trouvait bel et bien chez lui.

« Bonjour Guillaume ! Je voulais parler avec toi de tes nouvelles conditions de travail à Plasticar. »

Doublement surpris, Guillaume écarquilla très grand les yeux.

« Oui, Guillaume, je voulais te présenter enfin mes excuses. Je n'ai pas été très juste avec toi par le passé. Mais tout cela est fini. Je te propose un CDI. De plus, j'ai l'intention de t'offrir la possibilité d'occuper le rôle de "Bienveilleur" dans l'entreprise. Par ailleurs, l'entreprise t'offre une mutuelle, pour toi et les membres de ta famille.

— De "Bienveilleur", Monsieur ?, répéta-t-il éberlué.

— Oui, tout à fait. Plasticar entre dans une nouvelle ère de management. Nous avons besoin de personnes comme toi, connaissant les affres du stress au travail, et susceptibles ainsi de repérer des collaborateurs pouvant endurer ce genre de situation. Voudrais-tu bien occuper ce rôle ? Nous nous sommes adressés à un consultant extérieur qui va m'aider à te former pour mener à bien cette mission. Serais-tu intéressé ? »

L'espace d'un moment, Hervé redouta une réaction négative de Guillaume. Mais le jeune homme, qui affichait fièrement un grand sourire, répondit sans hésiter : « Bien sûr, Monsieur Treil ! » Hervé constata à nouveau la véracité des propos de Pascal Leblanc : toutes les erreurs peuvent être réparées… Et une fois de plus, il sentit son cœur s'alléger à nouveau. « Voudriez-vous à nouveau du coca ? », proposa Émilie, folle de joie, pour célébrer le moment. Hervé but ce second verre avec encore plus de plaisir que le premier, puis prit congé aussitôt après.

33

18 septembre 2007, 9 heures

« Pascal, je ne sais comment vous remercier ! Grâce à vos conseils, Aurélien se sent beaucoup mieux. Oh, je vous mentirais si je vous disais que tout va maintenant pour le mieux, mais, depuis que nous sommes allés à Bordeaux, notre relation a pris un nouveau visage. Nous parvenons à avoir de vrais échanges. C'est si appréciable ! Je ne sais toujours pas l'identité de mon père, mais au moins, je connais la valeur de la relation avec mon fils. Grâce au soutien que vous lui apportez, ses premières notes en maths avoisinent la moyenne ! C'est un miracle ! Et puis vous allez être content ! Je pense avoir recruté le premier membre du réseau de "Bienveilleurs" de notre entreprise : Guillaume. »

Pascal sourit ! Depuis que Pascal avait commencé officiellement la veille et officieusement depuis un bon mois son travail de consultant à Plasticar, c'était la première fois qu'il entendait Hervé manifester un sentiment positif sur ces nouvelles approches de management. Pendant un moment, il l'avait même soupçonné de vouloir renoncer à son poste, tant il le voyait grimacer à chaque nouvelle explication qu'il lui fournissait. Autant Hervé avait pris avec reconnaissance tous ses conseils pour améliorer ses relations avec Aurélien, autant il accueillait à présent ceux concernant son mode de management avec moult pincettes et résistance. Ce qu'il ne comprenait pas, c'est qu'au début, il les avait tout à fait bien adoptés. La preuve, il avait été capable de reconnaître le bon travail de Gisèle. Mais depuis environ trois semaines, Hervé semblait complètement bloqué dans sa progression.

« Oh formidable ! J'ai également ma petite idée pour étoffer notre réseau de "Bienveilleurs". Que pensez-vous de Madeleine Ringis ?

— Je m'en veux de ne pas y avoir pensé moi-même ! Bien sûr, Pascal, vous avez complètement raison. Une fois de plus ! Vous savez, Guillaume ne m'a rien dit. Mais quand je suis allé lui parler, j'ai reconnu mes erreurs face à lui. Et j'ai vu ses yeux s'illuminer ! Vous aviez tellement raison ! En reconnaissant mes fautes, je n'ai rien perdu. Bien au contraire, cela m'a donné de la force ! J'ai senti une expansion dans mon cœur et Guillaume avait l'air de se sentir tellement heureux ! Un vrai cercle positif.

— Oui, qui permet de construire des relations saines et de les renforcer ! Vous comprenez Hervé ! Il n'existe pas de relation sur terre sans blessures. En revanche, en reconnaissant nos erreurs, nous ouvrons une porte sur le pardon ! Et vous le savez à présent mieux que personne, Hervé, le pardon est la clé des larmes de la vie ! Cela a été vrai avec Aurélien et à présent avec Guillaume. Une erreur a été commise ? Ce n'est pas grave. Nous nous expliquons et nous nous réconcilions. Reconnaître ses maladresses s'avère un excellent levier pour diminuer les émotions négatives et rétablir la paix. Après tout, n'est-ce pas au fond ce à quoi nous aspirons tous ?!

— Ouf, j'aimerais bien pouvoir en faire autant avec Lise !

— Vous y parviendrez Hervé, j'en suis persuadé ! Ne perdez pas espoir ! Et si vraiment vous tenez à votre épouse, battez-vous ! Vous savez, dans la vie personnelle comme au travail…

— Vous pensez vraiment ce que vous avez dit pour Lise ? »

Sentant que la conversation allait glisser à nouveau sur la vie privée d'Hervé, Pascal la recentra discrètement sur le but fixé par Françoise Entier : faire d'Hervé un excellent acteur de la bienveillance, à l'image de ce qu'avait été feu son mari.

« Bien sûr ! Pour créer un sentiment de justice dans les relations interpersonnelles, je disais donc qu'il est nécessaire de distiller plus de compliments que de reproches. Dans la vie de famille, le ratio est estimé à un reproche pour cinq compliments, et au travail, à un pour trois !

— Un sur trois au travail et un sur cinq dans la vie privée ? Mais comment vais-je réussir, c'est énorme ? »

Pascal se dit que la partie n'était pas encore gagnée, mais de nature profondément optimiste, il ne perdait jamais espoir !

« Très bien. Prenons l'exemple de Guillaume ! Quels sont les trois compliments que vous pourriez lui adresser prochainement ?

— Que son coca était bon ?

— J'entendais des compliments sur son travail ! »

Hervé resta bien trente secondes sans prononcer le moindre mot :

« Oh, mais c'est trop dur ! Je n'y arriverai jamais.

— Très bien Hervé, j'ai une idée ! Suivez-moi ! »

Lors de sa dernière réunion avec Françoise Entier, Pascal avait émis l'idée d'emmener Hervé visiter une entreprise où il avait déjà prodigué par le passé ses conseils et qui avait obtenu de très bons résultats en matière de management bienveillant. Le P-DG de l'entreprise était entre-temps devenu un bon ami de Pascal, aussi quand ce dernier lui avait demandé s'il était possible qu'Hervé assiste à une réunion d'équipe avec un manager, ce dernier avait naturellement ouvert ses portes.

« Où allons-nous ?

— Vous verrez, c'est une surprise ! Mais nous devons un peu nous dépêcher, il s'agit d'une réunion qui commence à 10 h 30. »

Hervé regarda sa montre en rechignant un peu. Mais Pascal lui avait promis que cette petite virée ne s'éterniserait pas au-delà du déjeuner. Une demi-heure plus tard, ils arrivèrent au siège de Vertboulet, une entreprise de jardinerie et d'animalerie. Jean de Bédouille, le P-DG, les accueillit personnellement, puis les guida vers le service où allait se dérouler la réunion d'équipe. Il s'agissait du service de communication de l'entreprise : en entrant dans les bureaux, Jean de Bédouille félicita l'équipe pour son récent communiqué de presse sur les dernières solutions en matière d'alimentation canine.

« Les retombées, chère Caroline, ont été excellentes ! Et Aurore, votre initiative de contacter cette association de protection animale a doublé les retombées médiatiques ! Excellent ! Bravo à toutes les deux ! Nous allons à présent viser un tout petit peu plus haut ! Je vous laisse voir cela avec votre chef d'équipe ! Avant cela, laissez-moi vous présenter deux visiteurs, venus s'inspirer de vos méthodes de travail en équipe. Pascal Leblanc que vous connaissez déjà fort bien ! Et Hervé Treil, P-DG de deux usines de plasturgie, Plasticar et Berneval ! Je vous laisse avec eux !

— Asseyez-vous, je vous en prie, invita Marie Dubois, la responsable du service. Messieurs, vous allez assister aujourd'hui à un temps d'échange entre équipes, dit-elle en esquissant un clin d'œil à Pascal. La séance est ouverte ! Qui veut commencer ? »

Aurore prit la parole.

« Marie, merci pour le temps que tu m'as accordé hier soir ! J'y vois vraiment plus clair aujourd'hui quant à mes prochains objectifs ! Je pense te donner des nouvelles d'ici trois semaines sur les premières avancées.

— Excellent, répondit Marie. À combien estimes-tu, Aurore, ton niveau de plaisir pour cette tâche ? Sur une échelle de 1 sur 10 ?

— Je dirais 7 sur 10.

— Et ton niveau de stress pour y parvenir ?

— 6 sur 10.

— Excellent ! Merci à toi Aurore ! Nous continuons. Odile, tu veux prendre la parole ? »

Si Marie avait posé ces deux questions, c'est qu'elle appliquait à la lettre les préceptes de Pascal, qui lui avait enseigné que pour savoir si un objectif n'était pas trop ambitieux et donc trop stressant pour un collaborateur, s'il correspondait à un défi possible, il suffisait de lui poser des questions sur ces deux paramètres : plaisir et stress. Tant que le rapport entre les deux était supérieur ou égal à 1, le niveau était correct. La réunion se prolongea encore pendant une bonne demi-heure. Silencieux tout au long de la réunion, Hervé jugea aussitôt comme par réflexe ces relations au travail d'un nouveau genre plutôt mièvres, voire légèrement mielleuses ! Ce n'était que remerciements, gratitude et encouragements, le tout sur un fond d'optimisme et de permissivité absolument inouïe ! Surtout, il se demandait comment la boîte pouvait gagner ainsi des parts de marché ! Mais connaissant à présent mieux Hervé, Pascal avait prévu cette éventualité. Aussi à leur sortie, ils se rendirent ensemble dans le bureau de Jean de Bédouille.

Sur le chemin, Hervé questionna Pascal.

« Tant de liberté pour accomplir les tâches, n'est-ce pas un peu dangereux tout de même ?

— Bien au contraire ! L'autonomie diminue le degré de stress ! "L'amputation du pouvoir d'agir, c'est la souffrance." Ce n'est pas de moi, mais du philosophe Paul Ricœur. En diminuant les risques de burn-out au travail, l'autonomie devient donc source de santé ! Mais pas seulement ! Plusieurs études montrent qu'elle augmente également la créativité des salariés. Elle est surtout source de performance !

— Ah bon ?

— Eh bien oui, Monsieur de Bédouille va tout vous expliquer !

— Entrez chers amis !, dit ce dernier. Si vous saviez Monsieur Treil ! Depuis l'intervention de Pascal au sein de nos équipes, nous avons pu réduire de 25 % le taux d'absentéisme, et cela en l'espace d'à peine deux ans. À son arrivée, nous collectionnions un peu les burn-out ! J'ai honte de le dire, et cela reste entre nous, mais l'ambiance au travail était devenue si tendue qu'un collaborateur au bout du rouleau avait tenté de se suicider dans nos locaux. Heureusement, tout est rentré dans l'ordre. À présent, il dirige le service marketing ! Et il est devenue "Bienveilleur" ! Je vous assure que quand Pascal m'a présenté ses méthodes de travail, j'ai eu des doutes au début, je craignais notamment que trop de liberté laisse la porte ouverte à la paresse et à la non-productivité ! Eh bien laissez-moi vous dire, mon cher Monsieur, que c'est tout le contraire qui s'est produit ! Notre productivité est bien meilleure qu'avant et notre chiffre d'affaires progresse à présent de 10 % par an ! Nous avons même dû recruter ! Bon, tout n'est pas encore merveilleux ! Au niveau des managers, il faut intervenir régulièrement, mais, dans l'ensemble, je vous garantis que nous revivons ! Oui, Verboulet renaît de ses cendres ! Par exemple, vous voyez ce matin, Aurore ? Nous n'avions pas du tout pensé à faire appel à une société de protection animale pour promouvoir nos croquettes pour chien ! Eh bien, c'est elle qui a pris cette initiative toute seule ! Du coup, la vente de nos produits a explosé en l'espace même pas de dix jours ! »

Alors que Jean de Bédouille poursuivait son explication, Hervé pensa soudain que tout cela était vraiment trop beau pour être vrai ! À vrai dire, il n'écoutait que d'une seule oreille et se sentait d'avance découragé par tous les changements que ces nouvelles méthodes impliquaient. Surtout, l'attitude ces derniers jours de Françoise Entier lui avait paru fort étrange. Qu'attendait-elle vraiment de lui à présent ? Il avait son idée également sur ce sujet…

34

20 septembre 2007, 11 heures

Chère Françoise,
J'ai commis beaucoup trop d'erreurs de management dans le passé. Je pense en avoir réparé quelques-unes depuis le début du mois. Pour être tout à fait honnête, je ne réussirai pas à suivre les méthodes de Pascal Leblanc, je ne m'en sens pas capable. Il me semble plus juste à présent de vous présenter ma démission, je ne suis plus digne de votre confiance, ni de celle de Bernard !

Hervé

Françoise Entier lut face à Hervé la lettre de démission qu'il venait de lui tendre maladroitement. Lorsqu'elle l'eut terminée, elle la déchira en mille morceaux et la reposa sur la table.

« Vous n'y pensez pas, Hervé !

— Mais si ! Écoutez, Pascal me propose de trouver trois compliments sur le travail de Guillaume, et je ne parviens pas à en trouver un seul ! Je ne vais pas pouvoir m'en sortir ! Ce n'est pas mon truc.

— Pour commencer, trouvez-en seulement un ! Bernard disait que pour voir grand, il fallait déjà viser les détails et les petites choses à accomplir et que, peu à peu, l'édifice se construisait ainsi sans effort ! De plus, reconnaître ses erreurs représente une grande noblesse de caractère. Nous en faisons tous ! Et après tout, nous sommes ici pour nous améliorer, n'est-ce pas ?

— Oui, mais je ne possède ni l'étoffe de Bernard, ni sa bonté !

— Qui sait ? », lança énigmatique et songeuse Françoise.

Alors qu'Hervé la regardait pantois, ému et au bord des larmes, Françoise fouilla dans son secrétaire. Elle revint une missive à la main, qu'elle lui tendit à son tour.

« Tenez, c'est une lettre de Bernard, écrite de sa main. Quelques jours avant sa mort, il m'avait chargée de vous la remettre s'il venait à disparaître, et uniquement dans le cas où vous décideriez de démissionner de votre poste et de quitter l'entreprise. J'ai tenu ma promesse de ne pas la lire. J'en mourais d'envie depuis très longtemps, mais par respect pour mon mari – vous savez à quel point j'étais attachée à lui – je ne l'ai pas fait. Voilà, elle est pour vous maintenant. Je ne connais pas son contenu. »

Quand il prit la lettre dans ses mains, Hervé reconnut aussitôt l'écriture de Bernard ainsi que l'encre noire du stylo à plume dont il se servait pour signer tous les documents de la plus haute importance. Et il en eut les larmes aux yeux ! « Si vous voulez la lire maintenant, ajouta Françoise, je vous laisse seul un moment. Appelez-moi quand vous serez prêt ! »

Françoise quitta le salon, où tous deux se trouvaient. Hervé s'assit sur un fauteuil, ses mains tremblaient en décachetant l'enveloppe. Une photo tomba sur le sol. En se penchant pour la ramasser, un sentiment étrange le parcourut, comme s'il avait enfin rendez-vous avec son destin. Sur la photo, c'était lui ! L'année de ses 20 ans ! Celle précisément où tout avait basculé pour lui dans la vie !

L'enveloppe contenait quatre pages manuscrites. Avant de les lire, il retint son souffle une bonne minute.

Oyonnax, 12 juillet 2005

Cher Hervé !

Si vous lisez ces lignes, il y a une forte probabilité que je ne sois plus de ce monde et que vous veniez de présenter votre démission à Françoise. Sachez, Hervé, que même de là où je me trouve, je ne peux l'accepter. Vous n'étiez pas encore né. Et je venais juste de demander Françoise en mariage. J'étais fou d'elle, je l'ai aimée dès le premier jour et mon amour pour elle au fil des ans n'a cessé de grandir. Je n'ai jamais regretté ma décision. Néanmoins, j'ai souffert toute ma vie d'une cruelle absence : celle d'un enfant. Françoise ne pouvait pas en avoir.

Et puis, il y a eu ce jour… à la maternité d'Oyonnax, 20 août 1988. Il y a de cela presque dix-sept ans aujourd'hui. Je visitais une petite-nièce qui venait de donner la vie. Et dans le couloir, j'ai entendu des hurlements. Surpris, je suis sorti de la chambre. C'était un homme qui criait. Une femme l'accompagnait, et j'ai eu un choc en la voyant. Je la connaissais parfaitement ! Pour cause, j'avais entretenu une relation avec elle, juste avant de demander Françoise en mariage. Depuis, je n'avais plus jamais eu de nouvelles et cela faisait presque plus de vingt ans que nous ne nous étions pas parlé. Je ne sais pas ce qui m'a pris : j'ai décidé de l'aborder. Bien sûr, elle m'a vite fait comprendre que le moment était malvenu, mais elle m'a demandé mon numéro de téléphone. Je me revois encore lui tendre ma carte de visite. Quelques jours plus tard, elle m'a appelé. Elle avait, disait-elle, une information de la plus haute importance à me communiquer. Nous nous sommes donné rendez-vous dans un café en ville. À son arrivée, j'étais déjà installé à une table. Quand elle s'est assise à son tour, tout son corps tremblait. Je me demandais bien ce qu'elle allait pouvoir m'apprendre. Le serveur est arrivé. Elle lui a commandé un café, et moi, un jus d'orange. Vous comprendrez ensuite pourquoi je n'ai jamais pu effacer de ma mémoire ces moindres détails, qui aujourd'hui encore plus qu'hier, sont pour moi de la plus haute importance !

Elle a ensuite sorti de son sac quelques photos d'un jeune homme à différents âges : bébé, petit garçon, garçon, adolescent, jeune adulte. Selon elle, mon fils ! J'étais si heureux ! En revanche, je ne comprenais pas pourquoi elle avait attendu aussi longtemps pour me le présenter. Je lui en voulais déjà un peu. Elle m'a ramené dans le passé. Le jour où je lui ai annoncé notre rupture, elle venait juste d'apprendre qu'elle était enceinte. Quand je lui ai fait part de mon mariage avec Françoise, elle n'a pas eu le cœur de me révéler sa grossesse. Quand je lui ai demandé pourquoi elle voulait m'en parler à présent, elle m'a fait comprendre que tout cela pesait très lourd sur sa conscience. Elle désirait juste la soulager un peu. Je n'avais qu'une envie : courir pour rencontrer ce fils. Mais elle ne souhaitait en aucun cas nous voir réunis. Tout cela devait rester entre nous et rien qu'entre nous, car, disait-elle, son mari n'aurait pas supporté la vérité. En nous séparant, je lui ai promis de garder cette filiation inespérée secrète. Et elle m'a laissé des photos de vous. J'étais à peine sorti du café que déjà, je regrettais ma promesse. Je me revois marcher dans les rues, les bras ballants, le cœur battant. Se savoir père était un sentiment incroyable ! J'ai engagé dès le lendemain un détective privé pour te retrouver. Cher Hervé, permettez-moi à présent de vous tutoyer. Car, oui, Hervé, c'est bien de ta mère dont il s'agit ici… et ce garçon, c'est toi ! Bizarrement, au moment, où le détective a retrouvé l'adresse de tes parents, ces derniers ont déménagé sans laisser aucune adresse. Et j'avais également très peur de décevoir Françoise. Que se passerait-il si elle venait à apprendre cette nouvelle ? Aussi, je n'ai pas donné suite.

Je peux t'assurer une chose Hervé, depuis ce jour-là, je n'ai jamais cessé de penser à ce fils, qui vivait sans connaître mon existence. Et puis impossible d'oublier ce 28 août 1998, où je t'ai vu entrer dans mon bureau ! Je t'ai immédiatement reconnu. Oui, Hervé, tu es ce fils que je recherchais depuis si longtemps. À ton départ, j'ai regardé immédiatement ta photo que je conservais précieusement dans mon coffre-fort. C'était bien toi ! Hervé Treil, ce fils inespéré. Ton apparition, c'était comme si une main divine t'avait guidée jusqu'à moi ! Un véritable miracle de la vie !

Bien sûr, je n'avais pas de preuve certaine que mon sang coulait bien dans le tien. Il me fallait pour cela une preuve ADN. Alors le jour où tu as oublié ton veston à la maison, j'ai en quelque sorte sauté sur l'occasion. Il y avait quelques-uns de tes cheveux dessus. J'en ai envoyé aussitôt un échantillon dans un laboratoire à l'étranger. Il m'est revenu trois semaines plus tard, positif. Hervé, tu es vraiment mon fils ! J'aurais

préféré que tu l'apprennes à la mort de Françoise, de façon à lui épargner le chagrin qu'elle éprouvera certainement quand elle apprendra la vérité. Mais je sais également qu'elle respectait complètement les sentiments que j'éprouve pour toi. Nous nous comportions de toute façon comme père et fils. Et tout le monde s'accordait pour le dire.
J'ai laissé l'ordre à mon notaire de te transmettre mes biens en héritage, tu en auras l'entière possession seulement au décès de Françoise. S'il te plaît, traite-la comme une mère, elle t'aime beaucoup également. Et si vraiment tu souhaites encore démissionner, s'il te plaît, fais que ce soit vraiment pour une très bonne raison ! Tu mérites de diriger cette entreprise !

Ton père qui t'aime !

P.-S. : N'oublie pas de dire à Aurélien de ma part, à quel point, comme toi, il est merveilleux ! Son grand-père.

Hervé n'avait pas bougé du canapé. Sidéré, il n'osait plus faire un mouvement. Même respirer lui semblait à présent délicat. Il avait le sentiment d'être entré dans un monde inaccessible, sans doute trop beau pour être vrai, lui qui s'était cru sans aucune valeur toute sa vie. Il était passé d'un coup du statut de fils vaurien à celui que l'on aimait et que l'on chérissait. Il repensa alors à cette parole que Bernard avait prononcée quelques années plus tôt, « Je vais finir par vous adopter », et Hervé éclata en sanglots. Non seulement Bernard pensait vraiment cette phrase, mais surtout, voilà des années que dans son cœur, il était son fils chéri !

La terre sembla soudain vaciller sous ses pieds. Au fur et à mesure qu'il reconstruisait son identité, il comprit le caractère extrêmement éphémère et à la fois illusoire de l'existence. Le temps passé auprès de Bernard lui semblait à présent enfermé dans une boîte à souvenirs quasi irréels. Il se dit également que cette collection de trésors représentait une immense chance. La vie dans son immense chaos lui avait accordé le privilège considérable de connaître ce père dont il avait été séparé injustement. Et finalement, c'était tout ce qui comptait. À ce moment précis, Françoise revint dans la salle. Elle s'approcha délicatement d'Hervé, pour finalement s'asseoir auprès de lui. Tout doucement, avec une chaleur infinie, elle lui demanda : « Il était votre père, n'est-ce pas ? » Hervé hocha de la tête.

« Je l'ai toujours su !

— Comment ?

— En cherchant un jour un papier dans le coffre-fort de Bernard, je suis tombée sur votre photo. J'ai immédiatement reconnu une expression de son visage dans le vôtre. J'étais tellement heureuse pour lui. Toute ma vie, j'ai culpabilisé à l'idée de ne pas avoir pu lui donner d'enfant. Alors connaître votre existence était comme une divine réparation. Je me suis très vite attachée à Aurélien. Il est tellement formidable, ce garçon, d'une rare intelligence, comme son grand-père ! Tous les deux, vous êtes le fils et le petit-fils que j'aurais aimé avoir. Je vous aime tous les deux très fort ! »

Françoise était tombée dans les bras d'Hervé et ils restèrent serrés ainsi un long moment. Quand ils reprirent leur place d'origine, Françoise ne put s'empêcher de le taquiner un peu : « Alors, c'est décidé, on ne parle plus de démission ! » En réponse, Hervé sourit et jeta les morceaux de la lettre qu'il avait écrite à la poubelle. Avec tout cet amour qui venait de remplir son cœur, il finirait bien par devenir expert en encouragement, gratitude, justice, optimisme, générosité et bienveillance : tous ces mots du bonheur, il se jura de les mettre en pratique le plus vite possible. En sortant du salon, son regard croisa le miroir et il se vit pour la première fois de sa vie comme une belle personne.

35

20 septembre 2007, 20 heures

Hervé vérifia une énième fois les textos sur son portable. Aucun message de Lise n'apparaissait sur l'écran. Il regretta un instant sa décision de s'être rendu malgré tout dans ce restaurant. Lise n'avait toujours pas répondu à son invitation chez Gino, envoyée la veille. Sans l'insistance d'Aurélien, il n'y serait vraisemblablement pas allé. Et voilà qu'il se retrouvait seul à présent dans ce petit restaurant italien qui avait tenu lieu de décor vingt et un an plus tôt à sa demande en mariage. Gino lui avait attribué la même table au coin du feu. La décoration n'avait pas bougé depuis lors. Il se revit ouvrir l'écrin où il avait placé la bague de fiançailles et plongé son regard dans les yeux de sa future promise. En lui répondant oui, le visage de Lise avait pris un éclat qu'il ne lui avait jamais connu jusqu'alors. Tous deux planaient.

Mais aujourd'hui, Hervé se sentait ridiculement seul avec ces fantômes d'un temps qu'il craignait définitivement révolu. À 20 h 15, un message de Lise s'afficha enfin sur son téléphone : « Attends encore un peu, j'arrive ! » Il reprit espoir. Pour noyer son impatience, il commanda un kir et consulta à nouveau le menu. Il jeta son dévolu sur cette plâtrée de spaghettis bolognaises, le même plat qu'il avait pris vingt et un ans plus tôt. Quand il releva la tête, il vit dans le fond de la salle une silhouette qui lui était familière. Mais, oui, c'était bien Lise. Quand elle s'approcha, Hervé retrouva comme par magie tous ses vieux réflexes de gentleman qu'il n'avait plus utilisés depuis bien longtemps. Il se leva pour reculer la chaise de Lise et l'aider à s'y installer. Il en profita pour glisser un compliment. Ce n'était pas bien dur, Lise était ce soir-là absolument ravissante.

« Tu es splendide ! »

Il se souvint immédiatement du ratio magique de Pascal Leblanc : dans la vie privée, cinq compliments pour une critique. Et il se dit que pour cette soirée, exceptionnellement, il laisserait toutes les critiques et les reproches au vestiaire. Il voulait vraiment mettre toutes les chances de son côté.

« Merci ! »

De son côté, Lise tenta de se souvenir de la dernière fois que son mari lui avait adressé de tels éloges. Mais aucun ne remonta à sa mémoire.

« Merci à toi d'être venu ! Je suis si content de te voir, tu m'as tellement manqué.

— Ah bon ?!

— Comment cela se passe-t-il chez ton amie ?

— Bien, je te remercie ! J'ai commencé une formation pour devenir hypnothérapeute ! »

Hervé manqua de s'étrangler en entendant ce mot.

« Hypno quoi ? »

L'idée lui parut soudain bien saugrenue, mais il se ravisa aussitôt d'émettre le moindre jugement. Grand bien lui prit, car Lise était à présent déterminée à défendre fermement ses choix de vie.

« Je compte aider les gens à trouver des solutions à leurs problèmes existentiels.

— Excellent ! Je te félicite. Je suis si content que tu aies trouvé une voie qui te convienne ! C'est magnifique. »

Hervé eut alors une pensée émue pour Pascal Leblanc ! Mine de rien, ses conseils commençaient à payer. Ils lui semblèrent même à cet instant précis tout à fait magiques ! Car pour la première fois depuis des années, il voyait sa femme lui sourire.

« C'est vrai, tu le penses vraiment ? Tu sais, j'aimerais ouvrir un Cabinet en ville et peut-être m'associer avec Virginie !

— Magnifique, je pourrais t'aider à trouver un local, voire me porter caution.

— Tu ferais cela ?

— Bien sûr ! »

Hervé mourait d'envie d'attraper la main de sa femme, mais il avait décidé de ne brûler aucune étape. L'espace d'un instant, il eut la sensation que Bernard Entier se trouvait à ses côtés pour lui murmurer tous les détails qui feraient basculer la décision de Lise du bon côté.

« Voilà Lise, si je t'ai fait venir ce soir, c'est que j'aimerais que toi et moi nous fassions la paix avec notre passé. Je sais, je n'ai pas été un mari exemplaire. Mon travail, mon travail et mon travail, je n'avais que ce mot à la bouche. J'en avais oublié ta beauté, ta douceur, ton intelligence. Toutes les raisons qui ont fait que je t'ai demandée en mariage... Je les avais complètement occultées. Je le regrette tant ! Voudrais-tu bien me pardonner, et me donner une nouvelle chance à tes côtés ?

— Quelle garantie me donnes-tu ?

— J'ai changé Lise, je te l'assure ! Je ne suis plus cet homme aigri.

— Oui, Aurélien m'a confié vos aventures à Bordeaux. J'étais si émue pour vous deux ! Cette histoire est absolument incroyable !

Et Bernard Entier ! Combien de fois, je me suis dit que vous aviez un air de famille ! Comment te sens-tu avec ce nouveau père ?

— Formidablement bien, ma douce ! J'ai le sentiment de pouvoir enfin conduire ma vie sur une base solide ! Et mon souhait le plus profond est de pouvoir la partager avec toi à nouveau. Le veux-tu bien ? »

Lise posa son regard sur son assiette. Un signe qu'Hervé interpréta aussitôt négativement. Tout était fichu !

« À une condition !, reprit-elle en relevant les yeux !

— Laquelle ?

— Fini les chaussons saumon qui t'attendent à la porte de la maison, ainsi que les petits plats tous les soirs, et les journées où je reste sans rien faire seule entre ces murs à t'attendre ! Maintenant, je mène ma vie comme je l'entends.

— Un petit dîner de temps en temps quand même ?

— D'accord, mais tu cuisines avec moi ! »

Hervé se demanda dans quelle aventure il venait de se lancer, il n'avait jamais touché à la cuisine jusqu'alors. Après tout, il n'en était plus à un défi près. Et retrouver sa femme en valait nettement la peine, aussi hocha-t-il la tête vigoureusement. Enfin, il se leva et l'étreignit avec passion.

36

3 juillet 2017

Hervé coupa le ruban. La musique emplit la salle et les salariés de Plasticar, tous vêtus de blanc, le suivirent pour visiter ce nouveau local qui leur était dédié : un espace détente et bien-être pour leur temps de pause. Fièrement, Hervé leur montra le bar américain, le baby-foot plébiscité par les plus jeunes recrues et *nec plus ultra* : la petite salle fermée avec sa table de massage, où ils pourraient recevoir régulièrement dans la semaine des soins d'une thérapeute que Lise avait recommandée. Ce nouvel espace zen offrait également l'avantage de pouvoir organiser pour les salariés des séances de sport en tout genre pour qui voulait y participer, ainsi que des réunions festives pour souder les équipes.

La fête pouvait commencer ! Guillaume, promu chef des lignes de presse depuis le départ à la retraite d'Alain, donna le la ! Il se mit à danser sur la piste, accompagné des membres de son équipe. Hervé regarda la scène très ému ! Bien sûr, cet espace détente n'était qu'un gadget pour lutter contre le stress au travail. Mais, il ne servait pas à soulager sa conscience. Le temps du rendement lubrifié à l'adrénaline était bel et bien révolu. Entamé dix ans plus tôt, le travail de fond pour humaniser les conditions de travail à Plasticar et Berneval avait porté ses fruits. Le taux d'absentéisme était revenu au niveau du temps de Bernard Entier, c'est-à-dire presque nul, les visites à l'infirmerie s'étaient raréfiées au point de vraiment remettre en question le bien-fondé de cette pièce. Lorsque Françoise se promenait dans l'entreprise, elle entendait à nouveau les blagues fuser entre collègues, les rires à gorge déployée, la bonne humeur régnait incontestablement.

Lise entraîna Pascal Leblanc sur la piste pour un rock endiablé. Bientôt, tous les regards pointèrent sur eux… Il faut dire que Pascal avait pratiqué durant des années le rock acrobatique et ses passes en jetaient vraiment ! Lise lui donnait vraiment très bien le change. À la fin du morceau, les applaudissements emplirent la salle et Pascal reçut une ovation particulière ! Guillaume, à qui Hervé avait tendu le micro, prit la parole.

« Au nom de tous les collaborateurs de Berneval et Plasticar, nous tenons à remercier et à saluer du plus profond de notre cœur le travail de cet homme, sans qui aujourd'hui, peut-être je ne serais pas là. Grâce à sa sagesse, son bon sens et son humanisme, il a su me remettre, NOUS remettre, tous en selle. Grâce à lui, le stress au travail n'est plus aujourd'hui qu'une exception à la règle dans notre entreprise. J'en profite pour remercier également le travail de notre réseau de "Bienveilleurs" ! Si vos vêtements arborent aujourd'hui la couleur de la paix, c'est grâce à leur travail sans relâche. Croyez-moi, chers collègues, mes débuts à Plasticar ont été très douloureux. Et je peux dire aujourd'hui, sans aucune honte, que je suis passé à deux doigts du burn-out. Il a fallu changer beaucoup nos méthodes pour souffler à nouveau sur les lignes de presse, mais cela en valait vraiment le coup. Aujourd'hui, chers collègues, je me lève heureux pour aller au travail. Et je suis fier de dire que j'appartiens à cette société devenue exemplaire, et qui vient de recruter cinq nouvelles personnes ! Chers collègues, chers amis, je vous demande d'applaudir de tout votre cœur cet homme qui nous a fait le plaisir de venir nous rejoindre aujourd'hui :

Pascal Leblanc. Et je laisse la parole à Hervé Treil, sans qui non plus rien n'aurait été possible. »

Un tonnerre d'applaudissements résonna dans la salle. Pascal Leblanc en avait les larmes aux yeux.

« Cher Pascal, commença Hervé, je vous revois encore il y a dix ans, presque jour pour jour, le 2 juillet 2007, couvert de boue, d'herbe et de sang, vous démener pour sauver la vie de mon fils ! Il y a de cela aujourd'hui dix ans jour pour jour ! Vous portez aujourd'hui un costume si élégant ! Quel chemin parcouru, cher Pascal, ensemble et chacun de notre côté. Comme vous le savez, chers collaborateurs, Pascal nous a aidés à restaurer la paix et le bonheur dans notre entreprise. Sans lui, Plasticar et Berneval, que mon père Bernard Entier avait bâties à la sueur de son front plus de quarante ans plus tôt, n'auraient jamais renoué avec le succès ! C'est grâce à tous nos efforts réunis que vos performances ont explosé et le chiffre d'affaires avec ! Aussi, je suis heureux, avec Françoise Entier, de vous offrir ce nouvel espace, qui, je l'espère, décuplera votre créativité, votre audace, votre ardeur, et votre sentiment de bien-être au travail ! Je n'ai qu'un mot : vive la bienveillance ! Vive Pascal Leblanc ! Et au passage, félicitons-le pour la grande réussite que son Cabinet de conseil Enthéos connaît aujourd'hui. Alors tous en chœur : bravo, et merci Pascal ! »

Un nouveau tonnerre d'applaudissements, de « bravo ! » et de « merci ! » emplit la salle. Pascal entama un nouveau rock'n'roll endiablé pour remercier ce public si chaleureux. Et Lise se prêta volontiers au jeu. Quand le médecin quitta la piste, Aurélien, resté au fond de la salle, s'approcha discrètement de lui. Le jeune homme avait près de 29 ans et surtout une nouvelle à partager avec Pascal. Aussi, chuchota-t-il discrètement quelque chose au creux de son oreille. Pascal éclata aussitôt de rire ! Cette blague de médecin, il ne la connaissait pas encore. Et d'un coup, il comprit que derrière cette plaisanterie se cachait certainement un double sens. Alors il exclama heureux et fier comme jamais ! « C'est pas vrai ! C'est officiel ? »

Quand il vit Aurélien hocher la tête pour confirmer son hypothèse, Pascal en eut de nouveau les larmes aux yeux ! De bonheur, bien sûr ! Aurélien venait d'obtenir son titre de médecin !

Au fond de la salle, Françoise Entier, Hervé et Lise Treil, ainsi qu'une dame qui avait un étrange air de famille avec Hervé, suivaient la scène attentivement. Pascal apprit plus tard que cette femme, Lucette, était bien la maman d'Hervé. Elle avait finalement expliqué à son fils que c'était pour sauver son couple que Claude et elle avaient brutalement changé de ville sans laisser de traces. Idée absurde ! Mais Hervé avait décidé de tourner la page. Il avait présenté sa mère à Françoise. Depuis lors, les deux femmes avaient commencé une compétition sans merci pour rattraper le temps perdu avec leur petit-fils !

« Tu as vu ce pull que porte Aurélien ? Comme il lui va bien !, s'exclama Françoise. Je le lui ai acheté la semaine dernière !

— Et ses chaussures ! Regarde, sans elles, sa tenue ne serait pas aussi élégante ! Je les lui ai offertes hier ! », surenchérit Lucette.

Les deux femmes se regardèrent et explosèrent de rire.

NOTES

Composé par Soft Office

Dépôt légal : avril 2018
IMPRIMÉ EN FRANCE

Achevé d'imprimer le 12 avril 2018
sur les presses de l'imprimerie « La Source d'Or »
63039 Clermont-Ferrand
Imprimeur n° 13691K

Dans le cadre de sa politique de développement durable,
La Source d'Or a été référencée IMPRIM'VERT®
par son organisme consulaire de tutelle.
Cet ouvrage est imprimé - pour l'intérieur -
sur papier bouffant « Munken Print White » main 1,8 80 g
provenant de la gestion durable des forêts,
produit par des papetiers dont les usines ont obtenu
les certifications environnementales ISO 14001 et E.M.A.S.